D1424182

Animer une équipe
en catéchèse

DES MÊMES AUTEURS

Apprendre à dire Dieu, Centurion 1978 (épuisé)
Ouvrir la parole, Centurion 1980 (épuisé)
L'Ancien Testament raconté aux enfants, Mame 1979
Jésus Christ raconté aux enfants, Mame 1980
Du jeu à la prière, Mame 1979
Jérémie messe de minuit, Mame 1982
Ezéchiel pardon du ciel, Mame 1983
Catéchèse biblique symbolique-Séquences, tome 1, Centurion, 1983
Catéchèse biblique symbolique, tome 2, Centurion 1985
La foi des commencements, Centurion 1988

En préparation :

Animer une équipe en catéchèse, Adolescence

Animer une équipe en catéchèse fait partie d'un ensemble comprenant en outre *Catéchèse biblique symbolique, séquences.*

La Commission épiscopale de l'Enseignement religieux reconnaît que cet ouvrage est conforme au « Texte de référence » adopté par l'épiscopat français le 30 octobre 1979.

Elle en autorise la publication.

Cependant lors de la promulgation des parcours par chaque évêque diocésain, seules seront autorisées à faire usage de celui-ci les équipes qui auront pu s'assurer l'accompagnement des auteurs ou de personnes déléguées par eux. Ces ouvrages ne peuvent être simplement achetés en librairie et utilisés sans formation.

le 25 octobre 1982
† Louis BOFFET, Évêque de Montpellier
Président de la C.E.E.R.

Une équipe d'animation est à votre service si vous souhaitez mettre en œuvre cette pédagogie : Association catéchétique EPHETA, 11, rue du Tournebride, 78120 Rambouillet. Vous pouvez prendre contact avec elle.

Claude et Jacqueline Lagarde
Equipe Epheta

Animer une équipe en catéchèse

tome 1
L'enfance
4-12 ans

PRÉFACE DE
JACQUES PIVETEAU

Centurion/Privat

ISBN 2.227.91027.5
© Editions du Centurion, Paris. Éditions Privat, Toulouse 1983
41, rue François 1re, 75008 Paris

TABLEAUX

Les schémas des pages suivantes serviront de repères tout au long de la lecture ou de la mise en œuvre de notre proposition catéchétique. On en trouvera une brève explication aux pages 16-18 et 150-159.

Les paroles de l'homme

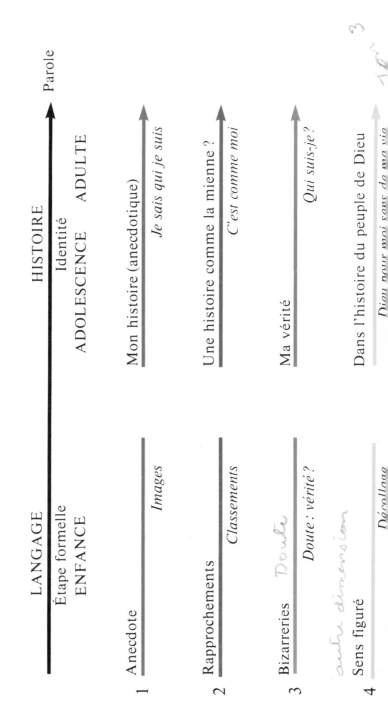

La fausse alternative
de l'enfant

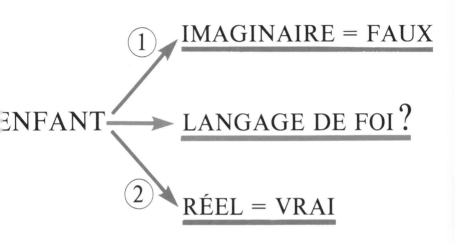

La solution :
3 approches et non 2

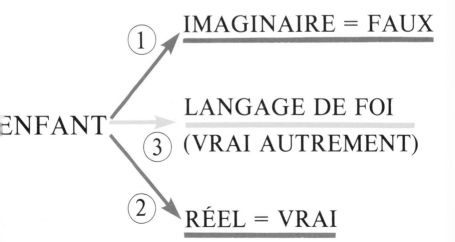

De l'anecdote au sens : deux opérateurs

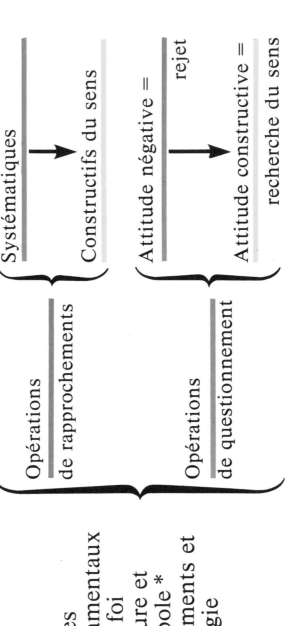

* Dans le sens employé dans le *Texte de référence:* La transmission "de l'Écriture et du Symbole" (voir p. 30), comme dans *La catéchèse en notre temps* n° 28 : le "Credo".

Préface

Outre la joie de répondre à l'amitié que me témoignent les auteurs en me demandant de préfacer leur livre, j'éprouve une grande satisfaction de me trouver ainsi en mesure de pouvoir souligner l'importance et la situation assez unique de cette étude.

Elle se distingue en particulier de nombreux autres livres parus sur le sujet par le registre sur lequel elle veut constamment se maintenir. Certains ouvrages, certains articles se veulent délibérément théoriques, marquant des orientations, énonçant des principes, proposant des lois de fonctionnement. J'ai moi-même, modestement, contribué à la production sur ce terrain et j'en connais les limites. Le catéchiste confronté avec l'action quotidienne n'a pas toujours les moyens ou le temps de monnayer ces considérations dans sa pratique. Il se produit d'une part un ralentissement dans la mise en œuvre de nouvelles perspectives et d'autre part une frustration chez les praticiens témoins de ce retard.

D'autres ouvrages, pour remédier sans doute à cet état de fait, se veulent délibérément pratiques et fournissent des plans de séances de catéchèse, des lignes de parcours, des schémas de préparation. Et ces éléments pratiques ne sont certes pas des recettes hâtives préparées dans la fièvre de l'instant ; ils reposent sur des études sérieuses, ils mettent en œuvre les conclusions de travaux de recherche indiscutables. Mais un produit séparé de ses racines devient toujours ambigu ; il perd une grosse partie de son intentionnalité première. Il devient susceptible de plusieurs interprétations et mises en œuvre. C'est ce qui se produit souvent ; faute d'avoir le temps de refaire le parcours entre la théorie et la pratique, le catéchiste ne discerne pas toujours la richesse des matériaux qu'il a entre les mains et les détourne parfois de leur mission d'origine.

Le livre de C. et J. Lagarde veut précisément instaurer constamment le va-et-vient entre théorie et pratique. Il fait état de lois, de propositions, mais épelle ensuite dans le détail les conséquences pratiques que ces propositions entraînent. Inversement, certaines autres fois, il part de situations de catéchèse et montre soit les principes mis en œuvre, soit les précautions théoriques appliquées ou violées. Ce livre constitue en lui-même un *instrument de formation permanente*.

D'autant plus que si ce créneau a déjà été occupé, il l'a surtout été par des auteurs s'occupant de pédagogie non catéchétique. Pour instructifs qu'ils soient, ces ouvrages apparaissent lointains, difficiles d'application ; les exemples fournis apparaissent étrangers, sans transposition facile. Et le soupçon demeure de savoir si en pédagogie religieuse, le fonctionnement est bien le même. Dans le cas présent le dessein est nettement et uniquement catéchétique ; les exemples sont empruntés à ce qui constitue la trame de tous les parcours et chacun peut ainsi vérifier que le fonctionnement décrit est bien homogène à la nature du christianisme qui tire son sens de la révélation.

Cohérence de la démarche

Un premier critère de la pertinence des perspectives des auteurs par rapport au fonctionnement de l'éducation religieuse est le fait que les dimensions sur lesquelles insistent à juste titre les théoriciens réapparaissent au fil des pages les unes après les autres, non comme un impératif artificiellement mis en œuvre, non comme des greffes imposées, mais structurellement comme une exigence même du travail à accomplir. Ainsi ces dimensions peuvent être comprises en vérité, comme une exigence même de l'acte catéchétique et non comme un simple désir des théologiens. J'aimerais citer quelques-unes de ces dimensions. Je pense par exemple au fait que l'Ecriture ne peut être comprise que par le dialogue entre les Testaments. Sans ce dialogue les récits de l'Ecriture se limitent à être de pures anecdotes, qu'il faut commenter presque comme une fable sans pouvoir entendre vraiment la voix de Dieu qui résonne à un niveau différent. Or ce dialogue inter-testamentaire est un des éléments essentiels à la vision qui anime ces pages ; ce dialogue est indispensable pour que l'esprit de l'enfant s'arrache au « bleu » du récit pour accéder au « vert » du symbole (pour le dire avec le code de couleurs utilisé par les auteurs). Je pense également à la nécessité du récit pour pouvoir réaliser un vrai travail d'initiation. « L'ouïe seule fait accéder à l'intériorité », répète constamment le P. Ong de l'Université St-Louis. Notre foi repose sur des récits, sur une histoire qui annonce et éclaire notre histoire personnelle, et qui nous ouvre en ses multiples rapports à la Parole de Dieu si différente de la parole des hommes, laquelle présentement nous assiège de toutes parts au point de constituer le modèle unique qui fait oublier tous les autres. Or le point de départ de l'éveil à la foi pour les auteurs de cet ouvrage est le récit, la parfaite maîtrise des divers éléments de l'Ecriture.

Le doute

Je pense encore à l'impossibilité d'accéder à la compréhension de l'Ecriture et à l'impossibilité de vivre dans la foi si ce n'est en Eglise. C. et J. Lagarde y reviennent constamment non comme un conseil, mais comme une donnée même de leur démarche. Et enfin je pense à la nécessité du doute — la parole en « rouge » — qui peut-être soulèvera l'inquiétude chez certains catéchistes. « Quoi ? Accepter, voire faciliter l'émergence du doute chez des jeunes enfants ! » J'aimerais par avance faire une double réponse à cette possible objection. D'abord ce n'est pas le catéchiste qui fait naître le doute ; celui-ci, je vous le garantis, trouve bien son chemin sans nous, et malgré nous. Le catéchiste ne fait que permettre son expression pour donner l'occasion d'aller au-delà du doute, de quitter la parole en « rouge » pour déboucher sur une parole en « jaune », imprégnée de sens spirituel. « Mais si tous ne font pas ce passage ? » C'est en cela précisément que cette pédagogie est vraiment éducatrice de la foi, car elle se moule, non sur la manière de faire des hommes, mais sur la manière de faire de Dieu. Cela est d'autant plus important que ce trajet de l'enfant sera le résumé et le symbole de ce qui va se produire constamment dans la vie par la suite. La vie de l'homme n'est pas la possession tranquille de la foi. L'homme est tout au long de son existence confronté à de nouvelles données (souffrances, séparations, nouvelles connaissances profanes ou religieuses), et il revit ainsi quelques moments dans ce que les auteurs appellent la parole en « vert ». Ces affrontements, ces comparaisons, créent une crise, un doute. Le sens qui jusqu'alors le faisait vivre ne lui suffit plus. Il ne lui permet plus d'embrasser la totalité de son existence ; des restructurations sont nécessaires. L'homme est alors à un carrefour et peut, soit régresser à un sens crispé, insuffisant, qu'il ne peut tenir que par volontarisme et qui fait du christianisme une simple superstructure de son existence, soit, à l'imitation du peuple juif qui à travers l'épreuve de la Déportation découvrait un nouveau sens au concept de salut, à l'attente du Messie, déboucher sur un sens plus vaste et saisissant son existence à un niveau tout autre.

A une époque où l'initiation fait cruellement défaut, il est important que la catéchèse permette que cette expérience de la totalité d'un des nombreux paliers de foi, dont notre vie constitue l'ascension graduelle, soit effectuée dans sa totalité. La catéchèse ne parle plus alors uniquement par son contenu, mais par sa démarche. *Elle devient une authentique pédagogie de la foi.*

Construire l'Eglise

Ce livre m'enchante également en ce que sa réalisation met en marche la construction de l'Eglise. Le Concile nous a rappelé que l'Eglise était le rassemblement du peuple de Dieu en marche vers la Terre Promise. Mais les habitudes sont tenaces ; longtemps ont perduré des images selon lesquelles seule la parole des clercs ou des théologiens patentés était une parole valable. Les autres paroles n'avaient tout au plus que le statut d'écho ou de glose. Et voici un couple chrétien, engagé dans des activités catéchétiques, qui revient sur sa pratique, qui depuis ses premiers articles parus voici près de dix ans dans la revue que j'avais le bonheur de diriger[1] réfléchit, améliore,

---

1. *Temps et Paroles.*

perfectionne son action au lieu de répéter ce qu'il reçoit et d'attendre de l'Eglise — mais où serait cette dernière ? — des orientations et des recettes. Cette recherche, qui d'une part est pédagogie authentique de la foi, devient ainsi *contribution à la construction de l'Eglise.*

Je prévois de nombreuses résistances à la mise en pratique de cette pédagogie ; elle fait clairement apparaître la difficulté dans laquelle vont se trouver les catéchistes pour acquérir cette finesse d'écoute capable de repérer le registre de la parole des enfants, cette délicatesse des réponses, pour ne pas se contenter de ce qu'ils disent, mais en même temps ne les faire progresser que d'un palier à la fois. Et il est certain, comme le souligne la remarque liminaire, qu'une sérieuse préparation sera nécessaire pour que les praticiens l'utilisent avec toute l'efficacité souhaitable. Mais c'est en cela encore que cet ouvrage est spécial et authentique. L'erreur de certains autres est de laisser croire qu'on peut être catéchiste sans trop de préparation ! Ils sont tellement précis, ils balisent tellement le chemin qu'ils engendrent la fausse confiance que tout le monde peut du jour au lendemain prendre un groupe d'enfants et leur faciliter l'éveil à la foi. Erreur funeste dont on peut voir les résultats après les grands engouements de ces dernières années ; il n'est certes pas nécessaire d'être très grand pédagogue pour se lancer dans la catéchèse, mais il faut avoir eu l'occasion de se mettre au clair par rapport à ce qu'est l'acte de foi. L'avantage de la pédagogie de C. et J. Lagarde est que cette mise au clair se fait à travers la réflexion pédagogique elle-même.

Les livres de chevet

Il est des livres qu'on feuillette et qu'on oublie sitôt le dernier chapitre terminé. Il est des livres qu'on lit pour ne pas manquer une seule page d'un tout intéressant et enrichissant ; il est des livres qu'on étudie comme un manuel pour les assimiler une fois pour toutes ; il est encore des livres qu'on consulte au moment où s'en fait sentir le besoin pour une conférence, une intervention. Il est enfin des livres dont on fait pour un temps une sorte de livre de chevet, pour qu'ils nous accompagnent pendant une partie de notre existence qu'ils contribuent à modeler. Je classe le livre des Lagarde dans cette catégorie pour ceux qui se consacrent à des activités catéchétiques. Et ce statut fait désirer fortement la publication du second tome qui décrira la même évolution pour les adolescents.

J. Piveteau
enseignant à l'I.E.R.

Introduction

En catéchèse, l'animateur d'enfants se trouve bien souvent devant une alternative : soit laisser les enfants créer et parler comme ils l'entendent, au gré de leurs idées et de leur imagination, soit au contraire diriger, voire imposer, l'orientation du travail comme l'indique la fiche ou le manuel. D'un côté l'animateur s'interroge à juste titre sur le bien-fondé d'une liberté qui va dans tous les sens ; de l'autre, il voudrait mieux respecter la créativité et la réflexion personnelle du jeune. Il a parfois du mal et s'en tire alors par de longues tirades catéchétiques qui rendent les enfants muets et passifs ou, pire, chahuteurs.

Les moyens utilisés aujourd'hui en catéchèse ont pourtant été améliorés depuis le temps du catéchisme «par cœur». Des exemples concrets pris dans la vie illustrent de façon vivante l'idée maîtresse de la leçon. Des exercices pratiques, des activités d'équipe, des jeux, intéressent les enfants. Mais ces progrès incontestables laissent encore l'animateur de catéchèse dans une position inconfortable, il reste tiraillé entre une non-directivité anarchique qui ne mène à rien et un didactisme autoritaire qu'il est le premier à réprouver.

C'est souvent vers la fin de la séance que les choses se gâtent. Quand l'activité est intéressante, le débat passionnant, tout va bien, mais quand il faut tirer une conclusion les difficultés commencent. Par exemple, quand nous voulons aboutir à une réflexion sérieuse sur la Résurrection et que les enfants ne cessent de dévier vers les OVNI et les extra-terrestres, nous sommes décontenancés, agacés. C'est là que nous retrouvons notre bon vieux didactisme avec des explications qui n'en finissent plus. C'est là que nous nous cramponnons, répétiteurs, à la fiche ou au manuel. Non seulement répétiteurs mais aussi commentateurs bavards. C'est là aussi que les enfants décrochent. Ainsi Etienne mis à la porte par son animatrice s'écriait-il : « Mais je n'y comprends rien de ce qu'elle dit, la dame. »

ANIMER LES ENFANTS

La plupart des séances de catéchèse sont construites autour d'une idée à faire comprendre. Les exercices préparatoires, exemples pris dans la vie ou autres, sont prévus pour conduire l'enfant vers une certaine compréhension du texte évangélique ou de la phrase théologique. On tient compte de l'expérience humaine de l'enfant pour l'amener à saisir quelque chose de la charité et du mystère pascal. Le rôle de l'animateur est d'orienter le jeune vers telle attitude, telle réflexion de vie, tel point objectif de la leçon[1].

Cette orientation a priori du travail donne au catéchète quelques soucis, quand les enfants entrent mal dans l'induction, quand ils sont ailleurs. L'enfant en effet,

---

1. Pour la critique de cet objectif, se reporter au petit livre d'Odile Dubuisson, *L'Acte catéchétique* (p. 59-62), Centurion 1982.

même s'il a une vie propre, même s'il donne du sens à ce qui l'entoure, n'est pas un adulte en réduction. *Il n'est pas dans le même monde mental que nous et ses centres d'intérêts ne sont pas les nôtres, sa réflexion se fait souvent à un autre niveau.* Si l'enfant parle des OVNI quand la fiche prévoit la Résurrection, s'il compare Jésus et Superman au lieu de parler du Salut, il le fait sérieusement sans percevoir l'incongruité de ses propos. Peut-être certains, plus âgés, disent-ils alors « ce n'est pas du caté », mais comme on dit « ce n'est pas dans la bonne case ». Même l'adolescent continue à rapprocher tout naturellement les extra-terrestres de la Résurrection de Jésus et à mélanger les récits du livre « La vie après la vie » avec la foi[2].

Ainsi les difficultés d'animation, qui sont vécues comme des échecs, semblent-elles dues à la différence des mondes mentaux qui séparent le jeune de l'adulte. *Dès qu'il y a transmission d'une compréhension — du sens — l'animateur de catéchèse a du mal car le type de signification produit par l'enfant n'est pas du même ordre que le sien.* Et quand ici nous parlons de compréhension, il ne s'agit pas simplement d'une opération intellectuelle et superficielle, mais d'un véritable monde mental qui englobe la vie et structure le comportement ; la connaissance de ce monde mental aide l'adulte à apprécier et à améliorer sa communication avec l'enfant.

Exemple : Didier (11 ans) déclare : « Avant je ne croyais pas à la résurrection de Lazare. Maintenant, j'y crois... parce que je l'ai vue à la télé. »

Autre exemple : dans une célébration pénitentielle, à l'occasion de Pâques, où trois prêtres confessaient les

---

2. Le livre *La vie après la vie* de R. Moody (Robert Laffont) narre le récit de personnes revenant d'un coma prolongé. Elles décrivent une sorte d'expérience de l'au-delà.

enfants, Marc (10 ans) demande après s'être confessé une première fois : « Il faut aussi que j'aille aux deux autres ? »

Ce livre a pour but de donner à l'animateur de catéchèse, des indications lui permettant de mieux comprendre les interventions des enfants au niveau où elles sont dites. Ainsi pourra-t-il bien les accepter comme étape transitoire dans un développement qu'il connaîtra. Nous proposerons aussi quelques techniques permettant d'animer la recherche de l'enfant, l'évolution de son monde mental religieux. Alors l'animateur pourra entendre le jeune non pas dans le but de lui faire comprendre tout de suite telle idée chrétienne, mais bien de respecter son développement, *en sachant comment le langage de la foi est saisi peu à peu à différents niveaux de compréhension.* L'animateur devenant capable de situer ainsi la compréhension de l'enfant — la sorte de sens qu'il produit — pourra orienter, conduire la réflexion en mettant en œuvre la technique appropriée.

En centrant notre animation sur l'enfant et non d'abord sur l'idée chrétienne, nous obtiendrons une meilleure participation des enfants, moins de silence et de chahut, mais nous serons obligés d'aller au rythme des jeunes. Un tel choix pédagogique permet d'allier la liberté de l'enfant et le cap éducatif, c'est-à-dire l'action de l'animateur.

JEU DE CUBES

Jean a trois ans. Il a devant lui un gros cube bleu qui contient d'autres cubes plus petits emboîtés les uns dans les autres. Mais Jean ne le sait pas encore, il regarde le gros cube bleu. Soudain il se penche, s'empare du cube et le soulève. A sa stupéfaction, il découvre dessous un autre cube plus petit, mais vert celui-ci. Il remet le cube bleu à sa place et refait plusieurs fois l'opération avec une certaine joie : il va du bleu au vert et du vert au bleu. Au bout d'un moment, il cesse son jeu, abandonne le cube bleu et soulève le vert. Nouvelle surprise, nouvelle joie : il vient de découvrir un autre cube, rouge celui-ci. Il le recoiffe vite du vert et se met à répéter plusieurs fois cette même opération : vert — rouge — vert — rouge... Soudain, il abandonne le cube vert et centre son attention sur le rouge. Il le soulève mais il ne trouve rien. Il tourne le cube dans tous les sens comme surpris par le vide et il découvre enfin, coincé dans ce cube rouge, un cube jaune plus petit. Il tente alors avec ses ongles de le sortir, mais rien à faire, le cube jaune est collé à l'intérieur du rouge. Il le repose comme découragé, remet par-dessus le vert puis le bleu. Mais cette résistance du dernier cube l'agace. Jean recommence alors toutes les opérations : il ôte le bleu, puis passe au vert, retrouve le rouge, s'en empare et cherche de nouveau à sortir le jaune du rouge, mais le cube jaune semble d'une nature particulière. Il n'est ni comme le vert, ni comme le bleu, il est toujours collé au rouge.

Le parcours catéchétique proposé ici ressemble au jeu de Jean. Il décrit successivement en quatre chapitres, quatre opérations permettant à l'enfant de passer du « bleu » au « jaune », c'est-à-dire d'une compréhension anecdotique et littérale de la confession de foi chrétienne à une lecture d'une autre qualité de sens. Nous avons appelé ailleurs « niveau de parole » ces étapes catéchétiques valables autant pour les enfants que pour les adultes [3].

La première étape correspond à l'univers mental habituel de l'être humain et particulièrement de l'enfant. C'est notre rapport au monde le plus immédiat, le plus affectif :

---

3. Dans *Ouvrir la parole*, nous avons décrit quatre façons de se rapporter au langage de l'Eglise. Nous les avons appelées « paroles » ou « niveaux de parole ». Cette typologie ne recouvre pas exactement les quatre réalités que nous codons ici en couleur. *Ouvrir la parole* vise en effet l'accès à la parole prophétique qui est une acquisition de l'adolescence, un approfondissement du « jaune » (parole analogique). Sur le « jaune », voir le chapitre IV.

on décrit ce que l'on voit comme on le ressent. Ce premier niveau de compréhension est la base du développement ultérieur du sens. *Nous l'appelons « anecdotique »* et nous le codons en bleu comme le plus gros cube. Attention le mot « anecdotique » n'a rien de péjoratif. En effet, avant d'approfondir un récit, il faut d'abord bien en connaître l'histoire, l'anecdote, la « lettre ». C'est notre premier chapitre.

Le second chapitre n'est pas du même ordre que le premier : il ne dit pas un univers mental à proprement parler, il expose une opération importante, apprentissage qui permet un premier dépassement de l'anecdote : *le rapprochement de différents récits bibliques et « récits » liturgiques (sacrements) entre eux.* Nous le codons en vert.

Le troisième chapitre montre un autre apprentissage, le plus important de tous, et pourtant le plus redouté de l'animateur de catéchèse. Il est à mettre en œuvre *quand l'enfant commence à formuler un doute sur la vérité des textes un malaise face aux bizarreries qu'il décèle.* Cette étape, que nous codons avec la couleur rouge, est un véritable tournant de la compréhension. Si elle est vécue correctement l'enfant (l'adulte ?) peut dépasser la compréhension littérale de la confession de foi et se hisser peu à peu à un autre niveau de vérité. En revanche, si elle est mal accompagnée, l'enfant peut s'enfermer dans un réalisme religieux[4], cette sorte de positivisme qui engendre indifférence ou rejet.

Le quatrième chapitre propose des techniques qui facilitent le dépassement de ce malaise, de ce questionnement,

---

4. L'expression « réalisme religieux » a été forgée par analogie avec les travaux de Piaget qui décrit un réalisme intellectuel et un réalisme nominal chez l'enfant. Cf. *Apprendre à dire Dieu* (Centurion 1978). Ce concept de réalisme religieux est utilisé pour qualifier la difficulté qu'a l'enfant de dépasser le sens anecdotique en catéchèse et d'entrer dans la symbolique chrétienne.

le « décollage » de l'anecdote, *la découverte d'un nouveau rapport à la confession de foi*. Nous le codons en jaune.

Nous nous limiterons à ces quatre apprentissages, qui sont aussi des objectifs d'animation. Le développement n'est pourtant pas terminé : il resterait à voir comment le jeune approfondit sa relation personnelle à l'énoncé de foi. Ceci fera l'objet d'un second tome qui correspondra à peu près à la catéchèse de l'adolescence. N'oublions pas en effet que c'est vers treize ans que le jeune commence à rapporter spontanément le texte à sa personne au niveau du sens. « *Pour moi*, dit-il, ce passage d'évangile veut dire... » Une telle expression est bien le signe d'une nouvelle étape qui débute ou qui a commencé depuis peu. Mais, même pendant l'adolescence, les quatre apprentissages demeurent une référence d'animation surtout quand ils n'ont pas été faits auparavant.

Nous clôturerons ce livre avec un cinquième chapitre intitulé « synthèse ». Il aura deux buts : d'abord montrer comment notre grille catéchétique des quatre niveaux de parole peut être utilisée pour analyser les instruments catéchétiques dont dispose l'animateur de catéchèse. Ensuite situer cette étude par rapport au vieux problème théologique du langage de la foi.

Chacun des quatre premiers chapitres qui présentent les apprentissages, commence par une description des objectifs faite sur un exemple : les Noces de Cana. Nous verrons ainsi apparaître concrètement leur articulation mutuelle.

Enfin, ces quatre premiers chapitres ne décrivent pas un parcours catéchétique particulier. Les opérations exposées nous apparaissent liées au « fonctionnement » même de la Révélation[5]. Elles peuvent servir de grille d'éva-

---

5. Le « fonctionnement de la Révélation » est une expression tirée du *Texte de référence des évêques pour la catéchèse* (Lourdes 1979). Il est édité au Centurion (1980) sous le titre *Catéchèse des enfants* (cf. p. 46-47 et 50). L'ouvrage *Catéchèse biblique symbolique-Séquences* analyse quelques points de ce document et en propose une application dans l'esprit de ce livre.

luation pour toute catéchèse et pour toute lecture de la Bible. Nous montrerons d'ailleurs l'usage de cette «grille catéchétique» dans le manuel pratique qui accompagne ce livre et qui est intitulé : *Catéchèse biblique symbolique : séquences.* Cet ouvrage est le complément opératoire de ce que nous allons maintenant exposer.

Chapitre I
Un savoir d'images

(Animation dans le « bleu »)

BIEN CONNAÎTRE L'HISTOIRE

Même familiarisés avec l'Ecriture, nous nous découvrons parfois mauvais connaisseurs du texte évangélique. Nous oublions certains éléments qui n'ont pas retenu notre attention, nous ajoutons des détails ou des scènes ignorés du texte ; nous interprétons le récit à notre façon...

La bonne connaissance du texte est le premier objectif de toute catéchèse, non pas d'abord le texte déjà interprété avec nos propres catégories mais le texte tel qu'il se dit. Vous pouvez faire ce test avec des amis : prenez un récit évangélique bien connu et cherchez à le reconstruire de mémoire. Vous constaterez des lacunes, des oublis et souvent les mêmes. Ainsi ce groupe de catéchètes tente-t-il de se remémorer les « Noces de Cana ». Malgré sa grande familiarité avec l'histoire, le groupe commence par décrire le décor et les personnages : un banquet fastueux, un maître du repas au bout de la table, Marie assise à côté de son fils, des serviteurs, les deux époux... Le récit est enrichi au niveau des détails concrets : *on imagine la scène*. En revanche, plusieurs éléments sont oubliés : « le troisième jour », « ils n'ont plus de vin », « les six jarres destinées aux rites de purification des Juifs », « elles contenaient deux ou trois mesures », « puisez maintenant »... Ces éléments du texte n'ont pas été retenus car ils étaient sans doute insignifiants pour les membres du groupe, alors que les détails ajoutés avaient l'importance du concret : priorité à l'image.

Les ajouts et les oublis ne sont pas neutres. Ils font apparaître un glissement dans l'interprétation du texte. Ici — et toujours — le côté anecdotique est renforcé au détriment de la dimension théologique du récit de saint Jean.

MÉMOIRE ET OUBLI

L'acquisition de l'anecdote[1], cette appropriation imaginaire du récit (imaginaire, c'est-à-dire des images verbales) est une opération de *mémoire*. Elle s'apprend et s'entretient comme toutes les opérations mentales. Elle est d'ailleurs battue en brèche par cette pratique scolaire qui consiste à faire résumer aux enfants le récit en une idée maîtresse, sorte de charpente abstraite qui remplacerait, croit-on, le récit.

La mémoire de l'histoire, c'est-à-dire son appropriation par le sujet humain, est une acquisition essentielle en christianisme. Elle nous apparaît être, d'abord et avant

---

1. Les évangiles ne sont pas, bien sûr, assimilables à des anecdotes, pas plus d'ailleurs que les récits de l'Ancien Testament. La Bible s'appuie certes sur des récits qui disent la foi, ce qui lui confère cet aspect anecdotique (choses curieuses, inédites). Mais la lecture chrétienne de la Bible va au-delà ; elle ne peut pas se faire sans un choix explicite introduit par la catéchèse. Celle-ci a pour but de faire entrer dans l'intelligence spirituelle des anecdotes. On acquiert cette intelligence des récits au contact de la communauté chrétienne. Nous n'avons pas trouvé de terme plus adapté que celui d'anecdote pour qualifier le premier niveau de parole malgré sa connotation péjorative. Mais que celle-ci engage à approfondir !

tout, une *pratique du récit* comme l'est essentiellement la pratique de la Bible, qui se fonde sur les récits d'événements fondateurs, l'Exode. A travers le récit religieux, le croyant dit une expérience de Dieu enracinée dans l'histoire référée au Seigneur. La liturgie eucharistique n'est-elle pas elle-même construite autour du récit de l'institution du sacrement : « La veille de sa mort... le Seigneur prit du pain...[2] » ?

Mais un récit raconté se modifie, s'amplifie ou se simplifie, bref s'oublie comme nous venons de le voir. Le narrateur lui imprime toujours sa marque personnelle en fonction de l'auditoire, il lui imprime une signification, un accent, qui dépendent d'abord du niveau de parole auquel il se situe (« bleu », « vert », « rouge » ou « jaune »).

On peut donc dire que *l'oubli* (qui est rarement total) *est un facteur constituant de la mémoire*. Mais l'oubli est actif puisqu'il correspond à ce que l'homme, enfant comme adulte, en fait quand il devient le sujet de l'histoire vivante au cours d'une appropriation jamais terminée. Et si le récit est imprimé — ce qui est le cas des évangiles — l'oubli permet une nouvelle rencontre avec le texte ; il appelle des retrouvailles comme lorsqu'on dépose un vieux tableau au grenier et qu'on le retrouve dix ans plus tard, rénové par le temps.

Cette pratique du récit, de la première appropriation de l'histoire par un premier scénario imaginaire au premier oubli, est déjà l'expérience du petit enfant qui raconte à sa façon anecdotique mais bien sensée, le texte évangélique.

---

2. L'importance du récit en théologie, comme véhicule d'une conception de l'homme, du temps et de l'histoire, bien différente du temps inhumain des ordinateurs et de la science positive en général, est développée dans ce grand livre de J.B. Metz *La foi dans l'histoire et dans la société* (Cerf 1979). Metz montre combien le récit porte en lui une vérité qui ne pourrait pas être transmise autrement, la vérité du souvenir vécu. Le chapitre 12 est consacré au récit comme pratique théologique.

Si l'adulte oublie et déforme le texte en l'adaptant à sa compréhension, l'enfant le fait encore plus et de façon radicale[3]. Il ajoute beaucoup de détails descriptifs et fait disparaître la plupart des abstractions, tout ce qui n'est pas «image». Faites l'exercice suivant : racontez un texte biblique à des enfants et, quinze jours plus tard, demandez qu'on vous le raconte. Enregistrez au magnétophone. Voici ce que vous pourriez avoir :

Jérome (8 ans) : «C'était un mariage. Y avait Jésus et Marie qui étaient invités. Puis y avait du vin. Puis le maître d'hôtel, il dit : «Y a plus de vin». Alors le marié il dit : «Oh c'est pas vrai». Et alors Marie elle dit à Jésus, elle dit : «Fais quelque chose Jésus». Et puis Jésus il dit : «Oui». Puis Jésus il dit aux serviteurs : «Apportez des cruches, non des jarres, mettez de l'eau». Après les serviteurs ont fait ce qu'a dit Jésus ; et puis ils ont regardé dans les cruches et c'était du vin. Et alors la fête a commencé».

Daniel (7 ans) : «Après y avait plus de vin. Alors Jésus avait fait un miracle. Il avait mis de l'eau et il l'avait transformée en vin et après ils l'ont fait goûter au chef. Il l'a goûté et il a dit : «c'est bon». C'était de l'eau déguisée heu... transformée en vin, le goût était devenu en vin.»

Anne-Cécile (8 ans) : «C'était le mariage de Cana. Jésus s'était marié avec sa femme pour avoir des enfants. Au début il y avait du vin, mais les gens avaient beaucoup bu et même il y avait des gens qui n'avaient pas eu de vin.

---

3. L'enfant ne redit jamais le récit tel qu'il est, mais l'interprète dans son imaginaire. Il existe ainsi un écart parfois important entre le scénario raconté par l'enfant et le texte biblique. Cet écart intéresse le pédagogue car il respecte certaines règles. L'oubli n'est pas uniquement négatif, il correspond à l'investissement de l'enfant dans le récit.

Alors la dame, la mère de Jésus, a dit à Jésus : « Va dire quelque chose aux serviteurs de la fête ». Jésus a dit : « Remplissez les baquets d'eau ; allez chercher le verre du maître de la fête, remplissez-le d'eau, après allez le donner au maître. Il goûte et il dit qu'on doit servir d'abord le mauvais vin et après le plus bon vin. »

Thierry (14 ans) : « Ils descendaient de Jérusalem et allaient à Cana. Et alors il y a Jésus avec Marie qui ont été à une noce et justement à Cana. A un moment, vers le milieu de la fête, il n'y avait plus de vin. Et alors Marie a dit à Jésus de faire quelque chose mais, entre-temps, elle dit aux serviteurs : « Ecoutez tout ce qu'il vous dira ». Alors Jésus dit aux serviteurs de remplir les cruches qui servaient à baptiser les Juifs. Et là-dessus, ils font goûter au chef de maison ce vin, heu cette eau. C'était transformé en vin. Et alors là, c'est le maître de maison qu'a dit ça : « D'habitude, on donnait d'abord le bon vin et ensuite le vin moyen après ; et qu'au contraire là on avait réservé le bon vin. » Et après, ça s'est fini comme ça. Et ils sont descendus à Capharnaüm. »

On pourrait multiplier à l'infini ces histoires d'enfants (et d'adolescents). *Elles se situent toutes à un niveau anecdotique (bleu)* :

a) L'histoire se présente comme un scénario, une séquence d'images[4]. Pour nous en rendre compte il suffit de souligner sur un enregistrement retranscrit ce qui peut être représenté, c'est-à-dire qui peut faire l'objet d'une bande dessinée, puis de constater ce qui reste, ce qui n'est pas souligné : presque rien. L'image domine !

---

4. Le caractère imagé de la parole enfantine est à la base de l'expression « imaginaire » que nous employons ici pour recouvrir le champ verbal inconscient constitué d'images.

b) Même la signification de l'histoire produite par les enfants est concrète et pratique. Pour Jérome, l'action de Jésus a permis à la fête de reprendre. Pour Daniel, l'important est le miracle. Pour Anne-Cécile, le maître de la fête semble reprocher à Jésus une action non conforme. Thierry, en revanche, décrit un itinéraire de la vie de Jésus, il n'y a plus qu'une chronologie.

LE PROBLÈME ÉDUCATIF

On est gêné devant ces histoires d'enfants ; on les néglige parfois : elles sont si éloignées du texte évangélique. On évite même de donner aux enfants des récits bibliques qui risqueraient d'être ainsi transformés, « aplatis ». Si peu fidèles que soient ces reconstructions imagées elles nous semblent pourtant être une étape nécessaire. N'est-ce pas à partir de cette première approche qu'une seconde lecture — plus précise, plus théologique celle-ci — peut se faire ? On constate en effet que le texte — que la « lettre » biblique — *n'est pas saisie d'emblée mais progressivement investie.* Des significations moins concrètes, moins pratiques, sont produites ultérieurement par le jeune comme s'il oubliait le sens qu'il produisait auparavant. L'anecdote est ainsi dépassée, mais pas tout de suite. Nous estimons donc importante la première approche anecdotique du récit évangélique. Même si elle ne prend pas en compte la vraie dimension du texte, elle semble être l'étape initiale. *Le support d'images que l'enfant se construit d'abord et que nous appelons scénario, apparaît être en lui-même un véritable objectif pédagogique (bleu).*

Admettre la lecture anecdotique ne veut pas dire pour autant accepter toutes les erreurs. Anne-Cécile qui fait de Cana le mariage de Jésus, se trompe ; l'animateur doit donc corriger l'erreur ou, mieux, la faire rectifier par les autres enfants. Il reste là au niveau de leur compréhension

26

parce qu'il demeure dans le concret de l'histoire. En revanche, si le catéchète faisait un discours théologique sur le vin de la Nouvelle Alliance il changerait de niveau de compréhension (jaune) et ne serait plus entendu. Tant que l'intervention adulte ne « décroche pas » du niveau où se situe l'enfant elle est entendue ; en cas contraire elle ne l'est plus. Question de communication !

L'enfant commence toujours par produire du sens au niveau anecdotique. C'est ce qui lui permet de retenir l'histoire. Une telle activité nous semble capitale même si elle ne conduit, dans un premier temps, qu'à des significations peu élaborées. Elle nous apparaît plus importante qu'une signification donnée par l'adulte. L'activité pratique et réflexive lie en effet l'enfant au récit, ce que ne fait jamais l'explication répétée. Que l'enfant produise une signification à son niveau de compréhension est une chose ; que l'adulte lui en propose une, même facile et anecdotique, en est une autre. Que penser d'une séance qui se terminerait par cette phrase du catéchète : « Jésus rend heureux les hommes en leur donnant le vin de la fête » ? N'est-ce pas doublement dangereux : au plan pédagogique cette intervention casse la réflexion de l'enfant et son engagement dans le récit ; au plan théologique, elle réduit considérablement le texte, elle le banalise en quelque sorte. Les évangiles en effet ne « fonctionnent » pas comme des exemples illustrant une didactique[5]. Prenons donc du temps et sachons accompagner l'enfant, à sa vitesse, en l'aidant à produire des significations de plus en plus élaborées.

Mais l'intervention du catéchète commence par l'information : le récit donné. Cette information est importante

---

5. Qui n'est pas tenté d'utiliser un texte d'évangile pour y accrocher une morale ? Efficacité immédiate bien de notre temps ! Mais le « fonctionnement de la Révélation » appelle peut-être un chemin plus long qui conduit à un sens plus personnel. N'est-ce pas un « appel qui entraîne le chrétien toujours plus loin dans la quête de son Seigneur » ? (*Texte de référence*, p. 50). Ne réduisons donc pas les évangiles à des accessoires pédagogiques utiles pour faire passer nos bonnes idées ! (Cf. *Ouvrir la parole*, p. 143-144).

pour la bonne compréhension de l'histoire et la recherche du jeune.

CONTER L'HISTOIRE ?

Le premier contact de l'enfant avec le récit est déterminant : ou celui-ci plaît et sera retenu, ou il ennuie et sera rejeté. Tout dépend de la présentation qui en est faite. Sachant le jeune friand d'images et de détails, nous aurions tendance à enrichir le récit pour mieux le mettre en mémoire. Mais en ajoutant des détails ignorés du texte, ne falsifions-nous pas la Parole de Dieu ? On supprimerait plutôt les parties difficiles et abstraites comme le font certaines bibles pour enfants, mais là, sommes-nous plus respectueux du texte ?

Pourtant — et ce point est capital — *la familiarité avec le récit passe par une mise en mémoire d'images, par la construction d'un scénario imaginaire.* Si notre information ne contient pas assez de représentations concrètes, de détails et de couleurs, elle ne sera pas retenue et les enfants n'auront rien à dire et rien à comprendre, l'histoire ne vivra pas en eux. Ainsi refuser d'imager l'anecdote racontée ôte bien souvent tout avenir au récit. Il semblerait donc que le problème pédagogique impose une concession à ce purisme théologique qu'est le respect de la « lettre »[6].

Voici comment l'enfant entre dans le récit évangélique : il fixe son attention sur telle (s) scène (s), sur telle (s) image (s), qui l'attire (nt) particulièrement. On le voit quand il veut raconter l'histoire : souvent il ne commence ni par le

---

6. L'évangéliste Matthieu, par exemple, cite librement l'Ancien Testament. Il n'hésite pas à grouper des passages d'Ecriture en une unique citation synthétique qui n'est pas le texte d'Ecriture. C'est un véritable travail théologique à la manière des écoles rabbiniques de l'époque. (Cf. *The school of St Matthew and its use of the Old Testament* de Krister Stendhal, dans *Acta seminarii Neotestamenti Upsaliensis.*) Nous sommes là dans la ligne des Targum.

titre, ni par la première scène, mais par le passage captivant : « C'était un miracle : il y avait plein de pains partout. » Ce n'est qu'ensuite, en tâtonnant, qu'il organise son récit autour de ce point fort. L'enfant construit alors son scénario en égrenant maladroitement des images verbales les unes après les autres. Un tel travail lui demande bien souvent un sérieux effort.

Quand on demande aux enfants ce qu'ils veulent dessiner après avoir entendu le récit évangélique, chacun dit la scène captivante qui donnera au scénario son sens anecdotique. C'est par *une longue manipulation, un travail pratique de création, d'expression* : dessin, découpage, sketch, mime, diapositives, bandes dessinées, pâte à modeler,... que personnages, actions et décor — les éléments du scénario personnel — viendront enrichir l'imaginaire de l'enfant et fixer ainsi le récit en lui. Nous sommes en présence d'une véritable *imprégnation*.

Mais ce travail de création suppose que l'histoire commence déjà à vivre chez l'enfant et donc que les images racontées l'aient frappé. Tout dépend de l'art du conteur. L'enfant mis en action devient poète. Il commence à construire du sens sur des images. Mais si le scénario n'a pas pu être construit, le récit évangélique disparaîtra faute de racines.

SAVOIR CONTER

Raconter une histoire demande du métier : la connaissance des techniques du conte. Mais narrer un récit biblique en catéchèse suppose aussi un animateur capable de saisir l'évangile comme une confession de foi (jaune) et non pas seulement comme une anecdote du passé (bleu) ou comme l'illustration d'une morale (vert). Ainsi le catéchète joue-t-il sur deux registres à la fois. Comme le conteur, il sait camper des personnages, les décrire avec le trait marquant qui les caractérise, il sait nouer l'intrigue en les situant les uns par rapport aux autres, en commençant par le héros et son projet puis en introduisant le « méchant » et son contre-projet. Le catéchète-conteur sait enchaîner les actions, maintenir l'auditoire en haleine tout en laissant à son récit une cohérence et une continuité. Il sait enfin terminer l'histoire avec le poids de sens qu'il veut suggérer, la dernière scène étant comme le point d'orgue du conte.

Mais l'Evangile n'est pas un conte. Toutefois l'exposition du récit passe par les lois narratives de la tradition orale dans laquelle il prit naissance et dans laquelle sont les enfants qui manient encore mal l'écrit. Les évangélistes, en effet, n'ont pas voulu décrire des scènes du passé, mais faire œuvre de catéchètes. Ainsi des souvenirs sur Jésus sont-ils transformés, pour confesser que cet homme est Dieu, à la lumière des Ecritures. Les souvenirs évoquaient un homme, les évangiles, eux, montrent l'homme-Dieu marchant sur les chemins de Palestine. Entre temps il y eut la Résurrection et l'expérience du Christ vivant. Entre les souvenirs et les évangiles, on a tout le travail narratif des premiers catéchètes. Les récits évangéliques contiennent donc, de façon plus ou moins cachée, la confession de foi chrétienne : l'homme-Jésus s'est révélé Dieu à la Résurrection en vue de notre salut, la divinisation de tous les hommes ; il continue d'agir aujourd'hui comme il l'a fait sur terre. C'est cette compréhension ultime du texte évangélique que nous visons et que nous codons ici en jaune (Cf chapitre IV).

Le catéchète-conteur, sachant où il veut conduire l'enfant, ne lui racontera l'évangile ni comme un conte de fées, ni comme les souvenirs d'un mort, mais de façon à ce que les images de l'histoire deviennent, au-delà de la description, les points d'ancrage d'une méditation ultérieure. Ainsi pourra se réaliser, le moment venu, le dépassement de l'anecdote, ce passage du bleu au jaune. L'avenir du récit évangélique réside d'abord dans l'art de le présenter, *de ne pas faire disparaître les images, les codes, la symbolique, sur lesquels la confession de foi prend appui.*

On ne raconte pas toujours une histoire de la même façon. Tout dépend de la relation qui s'établit entre le conteur et son auditoire. Tout dépend aussi de l'objectif pédagogique du conteur, ici du catéchète. Supposons que nous voulions permettre à des enfants (entre 5 et 10 ans) d'investir le récit évangélique au seul niveau anecdotique (bleu). On pourrait ainsi conter l'histoire des Noces de Cana... et si des éléments de cette histoire vous étonnent, nous en verrons plus loin la raison.

«Un jour — c'était le troisième jour — il y eut un grand mariage à Cana de Galilée, le pays des Juifs. C'était une fête pleine de musique et de chansons ; c'était un bon repas. Marie, la mère de Jésus, était là. Jésus aussi avait été invité à ce mariage et, avec lui, tous ses disciples. Malheureusement, pendant le repas, il n'y eut plus de vin ; tout avait été bu.

Heureusement, Marie s'en aperçut. La mère de Jésus s'approcha de son fils et lui dit à l'oreille : «Ils n'ont plus de vin.» Jésus se retourna et dit à mère : «Femme, mon heure n'est pas encore venue» et il continua de manger. Mais Marie fit semblant de ne rien entendre, elle vint trouver les serviteurs du repas et leur demanda : «Connaissez-vous Jésus ?» Ceux-ci dirent : «Oui.» Elle leur dit : «Vous ferez tout ce qu'il vous dira. Même si c'est bizarre.» C'est ce que firent les serviteurs.

Il y avait dans la maison six immenses jarres de pierre, sortes de cruches grandes comme des tonneaux. Les Juifs s'en servaient comme lavabos avant de se mettre à table. Jésus dit aux serviteurs : «Voyez-vous ces jarres de pierre ? Eh bien remplissez-les d'eau jusqu'au bord.» Les serviteurs mirent tant d'eau dedans qu'elles débordaient. Jésus leur

31

dit : « C'est bien. Maintenant puisez cette eau et portez-en au maître du repas. Mais, surtout, ne lui dites rien. »

Le maître du repas était assis plus loin. Il n'avait rien vu du tout. Il goûta l'eau que lui apportèrent les serviteurs. Il fut très étonné. Il fronça les sourcils et s'écria : « Qu'est-ce que c'est ? ce vin est excellent. » Il appela alors le marié du mariage et lui dit : « Ce vin est excellent. D'habitude, dans les mariages, on sert d'abord le bon vin et puis après le moins bon. Toi, tu as gardé le bon vin jusqu'à présent. » Les serviteurs, eux qui avaient puisé l'eau dans les jarres, savaient tout, mais pas le maître du repas.

Ce fut le premier signe que fit Jésus. Il eut lieu à Cana en Galilée, le pays des Juifs. Jésus Christ montra sa lumière et toute sa gloire. Alors ses disciples crurent en lui. »

Un tel récit est, comme les évangiles, à la fois très imagé (plus encore parce qu'il s'adresse à des enfants) et d'aspect étrange. D'un côté les images seront captées, de l'autre l'étrangeté fera réfléchir et conduira les jeunes à dépasser la compréhension anecdotique (vie de Jésus). C'est ainsi qu'aidés, ils pourront entrer dans une recherche de sens à partir d'un scénario de base, préalablement construit.

L'USAGE DE DIAPOSITIVES

Il existe plusieurs sortes de diapositives, celles qui touchent à la Bible et celles qui apportent des images existentielles exemplaires ou symboliques. Dans cette première phase d'information qu'est la narration de l'histoire biblique, on peut utiliser des diapositives qui soulignent telle ou telle scène du « conte catéchétique ». On peut aussi présenter des photographies de la Terre Sainte pour que l'enfant ait une idée de la géographie et de la nature du pays.

L'usage des diapositives a deux conséquences, l'une positive, l'autre négative. D'une part elles plaisent aux enfants et rendent plus attrayantes les séances d'information. Les enfants entrent mieux dans l'histoire et leur attention reste soutenue. Mais, d'autre part, le dessin risque d'enfermer le jeune dans une image toute construite sur laquelle il se fixera peut-être définitivement.

Le dessin renforce l'impact de l'image verbale, et tend à faire prendre le montage pour un reportage. Le jeune enfant est persuadé voir des «photos de Jésus». Un adolescent racontant le film Jésus de Nazareth oublie qu'il s'agit d'un film : «Quand Jésus, il naît... il y a l'Esprit Saint qui parle à Joseph... On voit qu'il lui parle et qu'il lui dit : «Accueille cet enfant c'est un enfant de l'Esprit Saint. C'était une voix qui résonnait.» Le jeune est littéralement captivé par les images. Cependant cet inconvénient est largement compensé par la longévité du souvenir. Les enfants se remémorent beaucoup mieux une information visuelle qu'une histoire seulement racontée. Cet avantage n'est pas négligeable.

Nous restons cependant réticents car la photo enferme. Comme nous voudrions voir l'enfant saisir tout de suite le vrai sens théologique de l'évangile ! Mais n'est-ce pas là une illusion ? Ne faut-il pas passer par la construction du scénario imaginaire avant d'aller plus loin ? Il semble que dans un premier temps, l'enfant construise une coquille : l'anecdote. Mais dans un second temps, il doit se battre avec et la casser pour créer un sens plus élaboré. Ces deux acquisitions sont de sens contraire et une pédagogie qui se veut rationnelle a bien du mal à les articuler. Elle préfère la progression à la rupture, l'explication à la recherche. Elle met en œuvre des montages tout faits pour faire découvrir tout de suite une signification.

L'usage des diapositives comme support d'information est très utile quand les enfants ont déjà acquis un scénario par la télévision ou par un film mais dont la signification est aberrante. En donnant des images nouvelles, nous modifions la première perception dans le sens que nous voulons. L'image ne se corrige vraiment que par l'image.

L'emploi des diapositives nous semble de toute façon nécessaire dès que l'on veut donner une information abondante. A dix ans, l'enfant est capable d'assister à vingt ou trente minutes de projection. Tous les détails ne lui resteront pas en mémoire, mais les séquences seront enregistrées donc utilisables pour la catéchèse.

Il est bon de présenter, s'ils existent, différents graphismes. La mention des dessinateurs introduit l'enfant dans le processus de création et l'invite à dépasser peu à peu son anecdotisme initial. (Cf. p. 124, 132, l'artificialité du langage.) Ainsi arrive-t-il peu à peu à distinguer montage et reportage ce qui, dans le domaine des évangiles, n'est pas facile.

LE TRAVAIL DE CRÉATION

L'information, cette phase initiale, a pour but *d'apporter à l'enfant un savoir nécessaire pour créer*. On ne construit pas à partir de rien. Le travail de création est cette phase d'imprégnation et d'appropriation des images articulées autour d'une signification anecdotique. Si l'information a été bien faite et si l'activité est attrayante, l'enfant est actif. Ces deux conditions sont en effet nécessaires à la bonne marche de cette deuxième phase de la catéchèse, le temps de création.

Pendant le temps de création, l'enfant agit, parle, échange avec son voisin. Ne craignez pas de prendre du temps pour la création, c'est nécessaire à l'élaboration du scénario imaginaire. Il se produit une familiarisation avec le texte biblique et déjà même une recherche de sens.

Il est possible d'exposer des tableaux ou des affiches pendant toute la période de création (une ou deux séances séparées au maximum de huit jours). On peut consulter une documentation, réentendre l'histoire et même utiliser telle ou telle partie de l'évangile au cours d'une prière. La familiarisation est à ce prix.

Voici, à titre d'exemples, quelques techniques d'expression que l'on peut utiliser pendant le temps de création [7].

— *Le coloriage* pour les tout-petits.

— *Le dessin.* Presque tous les jeunes enfants dessinent et ce moyen d'expression est largement employé en catéchèse. Pourtant tous les enfants n'aiment pas dessiner et, vers dix ans, la plupart se lassent de cette technique. Le dessin permet de présenter une scène isolée, des images ayant un rapport entre elles et même une séquence sous la forme d'une bande dessinée. Ce dernier travail est bien adapté aux cours élémentaires (7-9 ans).

— *La peinture.* Elle demande plus de moyens à l'éducateur, mais a l'avantage, si elle est réalisée sur de grandes feuilles, de permettre des productions utilisables dans des célébrations.

— *Le mime.* Il convient parfaitement aux jeunes enfants qui ont des difficultés à entrer dans un sens anecdotique du récit. En essayant d'imiter des personnages, les enfants se mettent un peu dans leur peau. Le mime peut être refait plusieurs fois avec les petits car chacun à son tour a envie d'être le personnage principal, en général Jésus.

— *Le sketch.* C'est souvent le moyen d'expression collective préféré des enfants de 9-11 ans. En CM1 ils sont encore très attachés au décor et aux costumes, puis cela s'estompe. Si l'on veut utiliser le sketch dans une mise en commun, il est bon de donner des limites de temps car des enfants sont capables, à partir d'un récit qu'ils connaissent, d'improviser longuement.

---

7. Deux ouvrages de catéchèse traitent de cette question : *100 idées pour les catéchistes* (Le Sénevé) et *Tous actifs — Moyens d'expression en catéchèse* par Nicole Vigneron (ADER, Besançon).

— *Les diapositives dessinées.* Leur réalisation avec crayons-feutre fins sur papier calque est très répandue. Ce moyen d'expression a l'avantage, sur la peinture par exemple, de permettre la représentation d'une suite d'images et non pas seulement d'une scène ponctuelle. Les mêmes matériaux peuvent être utilisés différemment : on dessine sur un papier calque plus grand (15 × 15 cm par exemple) chacune des scènes d'une même séquence (comme pour une bande dessinée). Tous les dessins sont collés bout à bout (cela donne une bande de 15 cm sur 86 cm de long si l'on a six dessins qui se suivent), la bande est introduite dans deux fentes vis-à-vis d'une boîte en carton dont on a enlevé un des côtés et dans laquelle on a introduit une lampe. Cela fait un film fixe. En augmentant la taille du dessin — et donc de la boîte — on a un dessin qui fait beaucoup d'effet. Un décor fixe sur carton peut dépasser tout autour de la bande mobile sur papier calque.

— *Le papier collé.* Cette technique peut être employée sans difficulté à partir de six ans. Elle permet, comme la peinture, de belles réalisations collectives utilisables dans les célébrations. En utilisant les pages d'un catalogue de papier peint, on peut faire des choses très harmonieuses.

— *Le panneau de flanelle.* Le support, un tissu de flanelle collé sur un panneau de contre-plaqué ou de carton fort (il existe de la flanelle adhésive chez Venillia). On découpe des formes dans des chutes de flanelle de couleur pour organiser des scènes. Cette technique peut s'employer très tôt et permettre à des enfants, même petits, de redire l'histoire en animant les éléments. Dans des groupes d'enfants qui n'ont pas la parole facile, on l'utilise avec bonheur pour mettre en évidence les éléments d'une histoire qui se retrouvent dans d'autres récits (voir chapitre II « des exercices de liaison »).

— *Le vitrail en papier.* Peut se réaliser comme le film fixe décrit avec les diapositives dessinées : un dessin sur papier calque, colorié au crayon-feutre, on y ajoute des délimitations du dessin en papier canson noir collé par-dessus. On peut aussi utiliser la technique inverse : à partir d'une feuille de papier canson, on évide le dessin et on remplace la partie ainsi enlevée par une feuille de papier-vitrail ou plus simplement de papier calque colorié. La seconde technique est un peu plus difficile avec des enfants de primaire.

— *La maquette.* C'est une représentation en relief d'une ou de plusieurs scènes. La crèche en est une qui mêle les récits des évangiles de l'enfance de Matthieu et de Luc.

— *Les marionnettes.* Il en est de plusieurs sortes, de la marotte jusqu'à la toute petite marionnette de doigt... mais si cette technique demande parfois, en catéchèse, un temps disproportionné aux résultats, elle peut rendre très bien — pour une célébration — à la fois le récit et le sens qu'on lui donne.

— *Le modelage.* Qu'il soit fait à partir de terre, de pâtes diverses du commerce, ou de pâte à sel (mélange d'une mesure de farine et d'une mesure de sel fin que l'on mouille à l'eau) il plaît à beaucoup d'enfants, même très jeunes, et peut se combiner avec la maquette. Certaines terres ou pâtes peuvent se cuire, se peindre, se vernir... (Pour la pâte à sel, cuisson au four th. 7-8).

— *Le théâtre d'ombres.* Plus facile d'utilisation que les marionnettes, il demande plus de mise au point que le sketch ou le mime, et peut entrer dans le déroulement d'une célébration. On peut arriver à de très bons résultats avec des enfants de dix ans. Un inconvénient cependant, les enfants qui ne se voient pas, ne peuvent pas visualiser le résultat de leur travail. On peut y remédier en photographiant les enfants-acteurs.

— *L'évangile en papier.* Ces très belles réalisations de l'équipe de Lafortune que la télévision nous a montrées sont d'un abord un peu difficile pour des enfants peu entraînés. Mais si l'animateur a le temps de préparer un peu le travail, une équipe d'enfants de 10-11 ans peut faire de très jolies choses. Fides-Centurion a édité un guide de réalisation très bien documenté.

— *Les jeux de société.* Le jeu permet une vie d'équipe, il met les enfants en relation les uns avec les autres. Le jeu est souple, il peut être adapté à l'objectif pédagogique : apprendre un scénario ou inciter à la réflexion[8].

LE TEMPS DE PAROLE LIBRE

Huit ou dix jours après la première information, il est bon d'entendre les enfants se redire entre eux l'histoire (images et signification qu'ils sont capables de produire). Dans ce type de séance *qui ne suit pas immédiatement l'information ni l'activité de création*, l'animateur ne prend pas, en principe, la position de savoir qu'il avait lors de l'information.

Pendant l'information, l'adulte avait la parole, il donnait le savoir : les images, les faits, le vocabulaire, il apportait une «matière», les enfants écoutaient, enregistraient, s'imprégnaient. La relation vécue était du type maître-élève. L'étape de l'information (anecdotique) produit ce que nous entendons souvent : «ça, c'est vrai, c'est mon papa qui me l'a dit, c'est la maîtresse qui nous l'a raconté...» L'enfant se contente de répéter, de l'extérieur, une information qui lui a été fournie. Il l'a enregistrée, mais peut s'arrêter au savoir sans question ni réflexion. Le temps de création prolonge l'écoute, l'enregistrement, l'imprégnation. Il est suivi par un temps de «latence» d'environ huit jours pendant lequel le récit entre en chacun.

---

8. Cf. *Du jeu à la prière*, Lagarde (Mame 1979) et *Catéchèse biblique symbolique-Séquences*.

Puis vient le temps de parole qui permet à chaque enfant de dire du sens à partir de l'information reçue. C'est à ce moment-là que l'animateur perçoit la sorte de compréhension de l'enfant, son « niveau de parole »[9].

Il entend par exemple ces enfants de onze ans (6e) réfléchir sur le récit des mages (Mt 2). Ayant appris que la myrrhe, cadeau offert à l'enfant Jésus, avait un rapport avec la mort, ils s'interrogent : *« Pourquoi la mort dans un récit de naissance ? »* Ils répondent alors : *« La myrrhe, les mages, ils s'attendaient à trouver une grande personne, sûrement ! »* (une personne âgée à l'article de la mort !).

« Oui, les rois-mages savaient que Jésus était en danger, ils avaient déjà amené la myrrhe pour préparer » (un mort probable !).

Une telle parole démontre que ces enfants cherchent un sens à l'intérieur de leur monde mental anecdotique (bleu). Ils ne se situent pas dans un univers de significations très élaborées — la myrrhe évoque le mystère pascal de Jésus (jaune) —, mais bien dans un monde pratique et positif de type instrumental et utilitariste.

Deux solutions devant de telles paroles d'enfants : ou l'animateur « plaque la bonne réponse théologique » dans un terrain qui n'est pas capable de la recevoir faute de pouvoir la produire, ou il prend acte du « niveau de parole » des enfants et l'accepte comme un fait à partir duquel ils pourront progresser par eux-mêmes. (Ici, nécessité d'une animation dans le « vert ». Cf. second chapitre.) Ainsi l'adulte ne se substitue-t-il pas à l'enfant dans sa recherche, il ne lui impose pas une signification trop forte. Il admet celles qui sont produites et donne les moyens d'avancer de façon autonome. Nous ne sommes plus ici dans la relation maître-élève, car autant on peut donner une information concrète, autant on ne peut pas imposer

---

9. Cf. note 3, page 17.

aux jeunes une signification de l'extérieur. On anime une recherche commune où chacun reste responsable de sa parole, on ne construit pas du sens à la place des enfants. Certes l'animateur peut rectifier un scénario totalement faux, mais *son objectif est avant tout de permettre à l'enfant de s'exprimer verbalement*. Même des enfants handicapés qui parlent difficilement et de façon hachée sont capables de dire des choses sur le récit. *La verbalisation n'est pas unee forme dégradée d'expression, elle permet le dépassement de la compréhension anecdotique, l'approfondissement du sens*. En parlant et en échangeant entre eux, avec l'aide de l'adulte, les enfants produisent des significations sur le scénario. Ce qui était encore flou, inconscient, vient à la parole et à la conscience. Si ce travail de verbalisation n'existait pas, l'accès à la confession de foi chrétienne — qui est fondamentalement parole et sens — risquerait de mal se faire. Ce que l'enfant réalise à l'école, il est important qu'il le fasse aussi en catéchèse. L'animateur convie — convoque — donc l'enfant à la parole. Mais quand un enfant parle, il s'anime et, à plusieurs, c'est vite la surenchère.

Voici en vrac, quelques conseils pour l'animateur :

1 — **Que le groupe ne soit pas trop important :** six enfants est un nombre idéal. A partir de l'âge de dix ans, on peut envisager des débats inter-équipes, en alternant des moments en équipe et des discussions communes.

2 — **L'animateur connaît le prénom de chaque enfant.** Il a au moins sous les yeux un croquis indiquant la place de chacun avec son prénom. S'il anime plusieurs équipes, il connaît le nom des équipes.

3 — **Le calme est nécessaire avant de commencer.** Si l'agitation est trop importante en cours de séance,

on arrête la discussion et on exige le silence avant de reprendre.

4 — **On n'entre pas directement dans le sujet, on accueille d'abord les enfants.** On introduit un sujet extérieur à la catéchèse qui intéresse ou surprend. Les enfants commencent ainsi à parler à partir d'un de leurs centres d'intérêt, sinon on risque le chahut ou la passivité. On définit la règle des échanges : on demande la parole, on laisse celui qui parle dire son idée jusqu'au bout...

5 — **La bonne participation de l'enfant suppose qu'il ait construit son propre scénario sur le récit biblique.** Avant de faire approfondir la réflexion, s'assurer du savoir de chacun. Les jeunes enfants aiment d'ailleurs redire « leur » histoire, même si elle a été dite plusieurs fois.

6 — **L'animateur parle le moins possible** (jamais plus d'une phrase à la fois) pour que les enfants s'expriment au maximum.

7 — **L'animateur invite l'enfant à faire une phrase** — expliciter —, les « oui », « non », ou « heu » ne sont pas en général de vraies paroles. Même l'enfant disposant d'un vocabulaire peu étendu sera invité à dire les mots qui font image pour lui et qui traduisent sa connaissance de l'histoire.

8 — **Une courte information** au cours de l'animation **est parfois meilleure qu'une question** qui met l'animateur dans la position de recevoir une « bonne réponse ».

9 — **L'adulte ne se presse pas d'intervenir,** au contraire il aide les enfants à se répondre entre eux, cela lui permet quelquefois de mieux comprendre le sens des questions posées.

10 — L'animateur ne devrait jamais animer avec une idée en tête qu'il veut absolument «accrocher» aux dires des enfants. On peut parfois faire répéter une réflexion mal entendue ou exprimée maladroitement, ce n'est pas une récupération.

11 — Si un enfant ne veut pas (ou ne peut pas) **s'exprimer il semble inopportun de l'obliger à parler.** Cependant s'il a des difficultés à verbaliser on peut l'aider. On peut, par exemple, le faire parler sur un support, dessin, panneau, maquette... qui a été «produit» dans le temps de création. Cela l'amène à parler sans peur ; il décrit. Peu à peu il en viendra, s'il est aidé, à dire pourquoi il a fait telle ou telle chose, utilisé une couleur, ajouté un élément à l'histoire...

12 — Dans la phase de réflexion, tolérer — voire encourager — les hors-sujets. Nous en verrons l'importance dans le chapitre suivant. Ces apparentes digressions permettent à l'enfant de lier le scénario à ce qui fait sa vie (expériences personnelles, autres récits qu'il connaît).

13 — L'usage du magnétophone facilite la communication : il rappelle la nécessité de parler l'un après l'autre, il permet aussi le contrôle de la compréhension des enfants. Il est en effet difficile d'animer et d'avoir du recul à la fois. On est toujours surpris en entendant sa propre animation. Si le magnétophone peut gêner des adolescents, en revanche les enfants aiment s'enregistrer et se réécouter !

14 — **Ce temps de parole libre ne peut pas durer plus d'une demi-heure.** Pour les plus jeunes enfants, il n'excédera pas dix minutes, à 8 ans un quart d'heure. L'animateur arrête le débat avant que la tension nerveuse ne soit trop forte.

15 — **Ne pas conclure sur la bonne réponse, mais plutôt sur une question.** L'enfant réfléchit plus en dehors de la séance de catéchèse que pendant, si scénario et questions sont bien dans sa tête, s'ils n'ont pas été juste effleurés.

LA PRIÈRE, UN ABOUTISSEMENT

Comment l'enfant fait-il la différence entre un conte de fées et un récit biblique? Tout simplement en voyant l'usage qui est fait de l'Ecriture dans son environnement. Si l'entourage prie avec l'évangile — s'il prie lui-même avec — l'enfant vivra profondément la différence. Mais cette vie de prière, si fondamentale soit-elle, ne l'empêchera pas le moment venu, de se poser des questions sur la vérité de foi (code rouge). Certes l'expérience et l'exemple de la communauté lui seront alors d'une grande aide. Parce qu'il a parlé lui-même le langage de la foi dans des célébrations, l'enfant y puisera les moyens de dépasser sa première compréhension anecdotique (imaginaire puis réaliste).

La liturgie est le lieu normal où résonne la parole de Dieu. Si la catéchèse ne conduisait pas à la prière, elle resterait de l'ordre d'un savoir positif, d'un sentiment religieux, voire d'une morale ou d'une philosophie. *Prier à partir de l'Ecriture est une nécessité de catéchèse.* Ainsi les récits bibliques doivent-ils se retrouver dans une célébration ou, tout simplement, être associés à une courte prière[10].

---

10. Dans cet ordre d'idées, il est intéressant d'étudier des récits bibliques un mois ou deux avant qu'ils ne viennent dans la liturgie dominicale. L'enfant les retrouve alors avec plaisir s'il va à la messe. Ce critère supplémentaire est à prendre en compte dans le choix des séquences.

Mais que peut comprendre un jeune enfant à un passage d'évangile ? Il a souvent un grand respect et un grand amour pour Jésus et le «livre de Dieu», mais quel sens y met-il ? quel lien fait-il avec sa vie ? Même si l'enfant n'exprime qu'une signification anecdotique, il peut prier avec intensité sur le scénario qu'il a intériorisé. La question du sens n'est pas son problème, mais le nôtre. *L'enfant est en effet capable de dire avec ferveur des choses qu'il ne comprend pas à l'imitation des adultes aimés.*

Des enfants déforment le texte des prières apprises par cœur. Ils y introduisent le sens concret qu'ils connaissent : « Pardonnez-nous notre enfance » (nos offenses), « ne nous laisse pas tomber attention ! » (succomber à la tentation)... Les déformations dans le sens d'une compréhension anecdotique n'empêchent nullement l'enfant de prier sérieusement et en toute vérité. Bien entendu nous lui apprendrons la forme exacte, mais il faut bien savoir que l'enfant n'y mettra pas immédiatement plus de sens que dans celle qu'il avait fabriquée. Nous voilà loin de la compréhension existentielle dont rêvent certains pédagogues rationalistes.

Même si le récit évangélique n'a pas intellectuellement une signification «pour la vie de l'enfant», il peut être introduit dans une célébration.

La prière, cette dernière étape de la catéchèse, ne se réalise pas spontanément. L'animateur se doit de faire retrouver à l'enfant le récit biblique dans la relation à Dieu. Comment sinon pourrait-il deviner le rôle éminent de l'Ecriture dans la liturgie chrétienne ? Mais une telle directivité de l'adulte peut-elle tenir compte de l'enfant, de sa recherche, afin que la prière ne soit pas plaquée ?

Deux conditions sont en effet nécessaires pour permettre à l'enfant d'entrer dans la célébration :

1. Qu'il soit actif, il ne se souvient que de ce qu'il a fait ;

2. Qu'il perçoive un lien entre la prière et ses travaux précédents, la création et le temps de parole libre.

Il suffira à l'animateur de mettre en forme de prière des mots d'enfants entendus dans le temps de parole libre et de sélectionner quelques travaux de création pouvant servir de support à l'expression verbale. Associée à une peinture représentant Jésus devant des jarres débordantes Jérôme (6 ans) dit cette prière :

> *« Merci Jésus d'avoir donné aux gens du mariage le vin de la fête. Ils ont été très contents. »*

Et cette autre phrase :

> *« Merci Seigneur de faire toujours des miracles à ceux que tu aimes. »*

Sophie (6 ans) murmure :

> *« Merci Marie d'avoir vu qu'il manquait du vin. Tu es la maman de Jésus. »*

Raphaël (même âge) apporte devant l'autel quelques personnages en pâte à modeler et dit de tout son cœur :

> *« Ils sont gentils tes disciples, Jésus, ils croient en toi. »*

Voici des prières faites par un groupe d'enfants de CE 1 (7-8 ans).

> *« Jésus, tu as sauvé un homme qui ne pouvait pas voir, qui était dans le noir, je te remercie beaucoup.*
>
> *Jésus, tu as sauvé un homme qui n'était pas aimé par les gens du village, qui était très riche. C'est une grande joie.*
>
> *Merci, Jésus fils de David, pour toutes les choses que tu as faites pour nous. »*
>
> *« L'aveugle était dans le noir, grâce à Jésus il put voir la lumière, il était ébloui, il fut sauvé. Jésus tu es le sauveur de la terre, tu es notre sauveur. Seigneur, ceux qui sont dans le noir, fais-leur voir ta lumière. »*

Christel (7 ans et demi) à partir de l'histoire d'Abraham qu'elle vient d'illustrer compose cette prière :

> *« Seigneur, tu es mon bouclier, je n'ai peur de rien.*

Je me souviens de toi, je ne suis pas inquiète. Sei-
gneur, tu es mon rocher, je n'ai peur de rien. » Et cette
autre prière : «*Seigneur, je suis dans le noir quand je*
ne suis pas contente. Montre-moi ta lumière. Mais des
fois je ne la regarde pas, s'il te plaît apprends-moi à la
regarder. »

Toute anecdotique qu'elle soit, la prière du jeune enfant
peut être biblique. Il y engage même son affectivité — sa
vie — et, d'une certaine façon, alors, l'Evangile vit chez
lui.

MONDE MENTAL ANECDOTIQUE

L'animateur de catéchèse veut communiquer la foi de
l'Eglise. S'il a conscience du monde mental des enfants, il
se sent désemparé et ne sait que dire. A qui n'est-il pas
arrivé de constater l'écart séparant nos explications de la
compréhension d'enfants visiblement ailleurs ? La confession de foi chrétienne est une réponse de sens à notre vie ;
elle ne peut être véritablement saisie que par quelqu'un
qui perçoit lui-même son existence à ce niveau-là. Pas
l'enfant ! Quand on lui demande «As-tu communié
dimanche ? » et qu'il répond «Oui, j'ai mangé l'hostie», il
est clair que nous ne nous situons pas au même niveau de
lecture. L'enfant pourtant, a pu vivre la communion en
vérité.
La foi de l'enfant (de l'adulte parfois ?) — sa bonne foi
comme on dit — n'est pas ici en cause mais bien celle de
l'Eglise. Celle-ci n'est pas encore saisie au niveau du sens
de la vie, bien que «manger l'hostie» puisse faire partie
de la vie du jeune. La catéchèse n'a pas la prétention de
donner la foi ; elle se doit en revanche de développer
l'intelligence de la foi, c'est-à-dire le rapport de sens que la
personne entretient avec l'énoncé de foi : évangiles,
Credo, prières, sacrements... (cf. p. 150, chap. V).

L'impossibilité de communiquer immédiatement et directement les significations théologiques de l'évangile aux enfants (le mystère pascal en Jésus Christ) vivant à l'intérieur d'un monde mental anecdotique (bleu), n'empêche pas cependant une première catéchèse à ce niveau. Nous avons voulu montrer dans ce chapitre, comment l'enfant, surtout jeune, acquiert facilement images et séquences bibliques. On pourrait dire aussi les sons et les mots. Plus tard, ce sera moins facile car l'esprit critique viendra jeter une suspicion sur le récit évangélique. Ce savoir anecdotique qui n'a pas encore l'épaisseur de sens de la confession de foi chrétienne, ne nuit en rien à la qualité de la prière. Nous avons montré que l'Ecriture, même perçue anecdotiquement, peut être liée à la célébration de Jésus Christ, l'affectivité suppléant à la compréhension déficiente (cf. p. 143-144).

La fonction de support, de suppléance du sens existentiel, que joue l'affectivité religieuse ne dure pas éternellement. L'intelligence critique tuera le « cœur » à la première vraie « croix » rencontrée et sous les coups du rationalisme ambiant. Il est donc urgent, avant que le besoin ne s'en fasse sentir, de développer l'intelligence de la foi en l'associant au sentiment religieux si puissant pendant l'enfance. Les deux chapitres suivants, l'exercice des liaisons (code vert) et la gestion du questionnement (code rouge) décrivent deux types d'animation qui faciliteront le dépassement du monde anecdotique religieux (code bleu). Nous y décrirons deux types différents, mais complémentaires, d'animation qui donneront la possibilité au jeune d'accéder à la confession de foi chrétienne (code jaune).

Chapitre II
Des exercices de liaison

(Animation dans le « vert »)

LE TERRAIN IMAGINAIRE DU SYMBOLE[1]

L'anecdote acquise, on peut entreprendre l'édification du sens. Il ne s'agit pas, bien sûr, d'une signification anecdotique déjà construite, mais de l'entrée dans la symbolique chrétienne. Ce sera là la toute première pierre de l'édifice.

Un récit biblique en effet, en plus de son sens littéral, dit quelque chose de la mort et de la Résurrection du Christ sans quoi il ne serait pas confession de foi. La Tradition chrétienne avait même décomposé ce sens spirituel en trois aspects liés les uns aux autres : le sens allégorique, le sens moral et le sens anagogique. Le premier se fondait sur des rapports de figures entre les deux Testaments, l'Ancien annonçant le Nouveau ; le second faisait le lien entre

---

1. Le mot « symbole » recouvre des réalités fort diverses dans les différents champs où il est employé. Il fait traditionnellement partie du langage de la foi et il a donc, en catéchèse, une acception particulière puisqu'il renvoie à Jésus Christ. (Cf. *Ouvrir la parole* p. 114-115 et la note 5 p. 117.) Dans *Catéchèse biblique symbolique-Séquences* nous développons une explication de l'approche symbolique chrétienne des Ecritures (Cf. partie théorique).

l'Ecriture Parole de Dieu et la vie du chrétien ; le troisième enfin spéculait sur le sens de la vie humaine en cherchant dans l'Ecriture les signes du Royaume qui vient. Ainsi la Bible était-elle lue selon la Foi, la Charité et l'Espérance, les trois vertus théologales.

Cet usage chrétien de la Bible ne va pas de soi. Il appartient à la communauté chrétienne qui fait «fonctionner» ainsi l'Ecriture en la *rapportant* à Jésus Christ et au mystère pascal. Cet usage de la Bible — ce fonctionnement de la Révélation — est inhabituel car il contredit d'une certaine façon le rapport positif que nous avons aux mots et aux langages dans une culture technique et scientifique : chrétiens, nous ne lirons pas Moïse pour Moïse mais comme une «figure» du Christ[2]. Spontanément nous enfermerions plutôt chaque récit biblique en lui-même, le réduisant à sa signification anecdotique (code bleu). Ne nous étonnons pas alors des difficultés de l'enfant et des nôtres, animateurs de catéchèse.

Le passage de l'anecdote (lecture littérale) au sens spirituel, cette compréhension symbolique et théologique de l'Ecriture, ne se fait pas spontanément. Il suppose au préalable l'existence d'une sorte de structuration imaginaire qui met en relation entre elles les anecdotes bibliques et liturgiques. Prenons l'exemple du pain et du vin eucharistiques : nous lions immédiatement ces mots à plusieurs passages de l'Ecriture. Pour le pain, c'est la Multiplication des pains, la Cène, la Manne et les cailles de l'Exode, la Pâque juive avec le pain sans levain (azymes)... Pour le vin, outre la Cène, les Noces de Cana, la parabole des vieilles outres, Melchisédech, ce sont les images de la vigne et du vendangeur si chères à l'Ancien Testament. De la même manière, le mot Jourdain rappelle l'entrée des

---

2. L'approche chrétienne de la Bible n'est pas la seule qui évite de réduire le personnage de Moïse à l'individu du passé. L'approche juive des Ecritures est aussi éloignée que la nôtre des présupposés historico-critiques.

Hébreux en Terre promise, la purification du païen lépreux Naaman, le baptême de Jésus et, par là, le baptême chrétien. La colombe qui apparaît quand le Seigneur sort de l'eau, évoque aussitôt la colombe du Déluge et « l'Esprit de Dieu qui plane sur les eaux » au début de la Création. Notre imaginaire est donc structuré en réseaux liés à des mots « clés », à des sons, sortes de points forts que nous appelons *« symboles chrétiens »* parce qu'ils permettent de relier entre eux divers éléments de l'expérience chrétienne.

Un mot qui, dans le cadre limité d'une anecdote, n'a pas la signification littérale et pratique imposée par le récit, acquiert par son emploi dans d'autres passages bibliques une épaisseur de sens qui fait éclater la « lettre » trop étroite. La mention du Jourdain au baptême de Jésus contient par exemple une richesse de significations produites par la liaison avec l'entrée des Hébreux en Terre promise, la purification de Naaman, la Création, le Déluge... Le mot « Jourdain », ce nœud de sens à la croisée de plusieurs récits — donc de plusieurs significations —, sert de langage aux chrétiens pour dire le mystère pascal de Jésus. La parole de foi et la prière puiseront dans ce trésor pour expliciter telle ou telle harmonique de sens[3]. On ne s'enferme pas ainsi dans une histoire isolée de l'ensemble de l'Ecriture et de la vie chrétienne, on la situe dans un réseau d'images souvent inconscientes. *Apprendre à faire systématiquement de tels rapprochements produit une structuration imaginaire : c'est un objectif pédagogique de première importance.*

A force de rapprocher images et récits, l'enfant repère vite des points communs, des sons qui reviennent souvent. On les appelle parfois « codes secrets » s'en tenant d'abord à ce simple repérage qui lui posera question quand il aura

---

3. M. Chauvet, dans son livre *Du symbolisme au symbole* (cf. Cerf 1980), souligne à juste titre qu'un symbole n'a de sens que s'il est explicité comme un signe. Il appelle cela « le pôle signe du symbole ».

pris du recul. Toutefois l'intuition d'un sens autre que littéral et pratique d'une nouvelle lecture apparaît confusément : vers neuf ans, des tentatives d'abstraction sont parfois tentées, mais elles restent rares, fugaces et très ponctuelles. Soyons patients : ces exercices de liaison font leur œuvre souterraine. L'imaginaire se structure jusqu'au jour où un éclair de sens jaillit dans la parole.

Mais attention : ces rapprochements ne sont pas forcément — en tout cas, au niveau de l'enfant — la saisie d'un sens spirituel. L'enfant, plus concrètement, lie ensemble des choses, des sons, dresse des listes d'images et de récits ayant des points communs. C'est ce que nous appelons les opérations « vertes ».

L'enfant, toutefois, peut en rester là. Le rapprochement lui sert de sens, la correspondance lui suffit pour l'instant comme s'il ne pouvait pas tirer tout de suite les conséquences de son opération de liaison.

Exemple : Grégoire (6 ans) regarde un camion. Mieux, il le contemple en souriant. Ses parents l'interrogent : « Que regardes-tu Grégoire ? » Et lui de répondre : « les autocollants collés sur le camion ». Quelques minutes plus tard, l'enfant demande : « Quand retournerons-nous à Saint-Guilhem-le-Désert ? » (Abbaye romane en pleine nature du côté de Montpellier). Les parents de Grégoire sont plutôt surpris de cette demande et veulent en savoir plus : « C'était bien Saint-Guilhem-le-Désert ? » et Grégoire de répondre : « Oh oui, il y avait une voiture avec plein d'autocollants. »

Le rapprochement fait sur les autocollants a bien suffi à Grégoire qui a produit du sens au niveau « vert » et qui s'arrête là pour l'instant. Une telle opération de liaison permet à l'enfant de dépasser la signification anecdotique : « le camion est joli avec ses autocollants ». Dans le cas présent, le rapprochement ne sera pas approfondi car il n'y a pas vraiment de rapport entre l'abbaye du douzième siècle et le camion.

Quels rapprochements pouvons-nous faire, nous les adultes, sur le récit de Cana ? En voici quelques-uns :

1 — La mention du *troisième jour* se retrouve avec l'évocation de la mort et de la Résurrection du Seigneur. C'est aussi Jonas qui reste trois jours et trois nuits dans le ventre du grand poisson. C'est la prophétie d'Osée 6, 2 : « Après deux jours, il nous rendra la vie, le troisième jour il nous relèvera. » C'est aussi la Révélation de Dieu au Sinaï qui se fait le 3e jour (Ex 34).

2 — Les *noces* (époux, repas de mariage...) rappellent plusieurs récits de mariage : la parabole du Banquet (Mt 22), les Dix Vierges (Mt 25), le Livre d'Osée, et même — pourquoi pas ? — le Fils prodigue qui revêt pour un repas quelque chose comme un habit de noce (Lc 15). On peut y ajouter aussi le mariage de Jésus et de l'Eglise dont parle saint Paul (Ep 5)...

3 — Le *vin* évoque d'abord l'Eucharistie, la Cène, le sacrifice de la Nouvelle Alliance, le vin nouveau (Lc 6, 38) associé à la noce...

4 — L'expression « femme » a un parallèle dans le récit de la Crucifixion (Jn 19, 26). On peut peut-être y associer la première femme, Eve...

5 — « Mon *heure* n'est pas encore venue. » L'heure de Jésus désigne habituellement la mort et la Résurrection (Jn 12, 22 ; 12, 27 ; 13, 1 ; 16, 32 ; Mt 26, 45).

6 — Le mot *serviteur* évoque le lavement des pieds (Jn 13) : Jésus serviteur, et même le serviteur souffrant (Is 53). Voir aussi : « Celui qui voudra devenir grand se fera serviteur » (Mt 20, 26).

7 — Le chiffre *six* peut faire penser à la création du monde...

8 — L'*eau* est un mot souvent employé dans la Bible et particulièrement dans l'Ancien Testament (Déluge, Création, « mer Rouge », Jourdain, eau du rocher de l'Exode, plusieurs récits de puits, eau apportée par l'ange à Elie (1 R 19)... Les évangiles reprennent l'image : traversées du lac, eau vive de la Samaritaine, baptême de Jésus...

9 — La *gloire* est une expression courante : « Le Fils de l'homme reviendra dans la gloire » (Mt 25, 31), la gloire du Seigneur apparaît aux bergers (Lc 2, 9) ; « Gloire à Dieu » (Lc 2, 14 et Gloria). On se souvient aussi du grand texte d'Ezéchiel qui décrit la gloire lumineuse de Dieu (Ez 1) et qui fait penser à la nuée lumineuse de l'Exode...

A partir de ces liaisons imaginaires, le récit de Cana s'intègre dans l'ensemble de la symbolique biblique et chrétienne, l'Ecriture rapportée à Jésus Christ.

L'enfant, en tissant de tels rapports (et d'autres) à partir de récits connus de lui, *se construit la plate-forme imaginaire nécessaire à son entrée dans la confession de foi chrétienne.* C'est ce que nous appelons le passage du « bleu » (savoir) au « vert » (structuration). Une méditation ultérieure de ces rapports, un approfondissement lié au mystère pascal de Jésus, conduiront plus tard le jeune à saisir le récit évangélique comme une confession de foi pascale. Nous allons à la vitesse de l'enfant (de l'adulte ?), accompagnant et respectant ses possibilités actuelles.

UNE OPÉRATION SPONTANÉE

Associations d'images et de sons, comparaisons, rapprochements de récits, sont des opérations pratiques et verbales faites spontanément. Ainsi ces enfants de Classe maternelle rapprochent-ils la Tempête apaisée du Déluge :

« Jésus, il arrête le vent. La barque, le vent la faisait bouger. Alors Jésus, il a commandé au vent et le vent s'arrête. Et avant, ils étaient en danger et Jésus a dit « Il faut pas avoir peur ». Ils l'ont secoué et ils l'ont réveillé. Et le bateau il était « glissé ». Et ils se demandent qui c'est Jésus. » Nicolas prend aussitôt la parole et raconte « Et il y en a une autre là, avec tous les animaux, et Monsieur Noé. Il a construit un grand bateau parce que c'est Dieu qui l'a dit. Il a tout fait… » Et Stéphanie d'interrompre « Est-ce qu'il y avait un papa et une maman lapin ? » — « Oui, et une poule et un coq. Il a plu pendant quarante jours et quarante nuits… » Et Jacques d'ajouter : « Moi, j'ai un parapluie ». « Et ça s'est arrêté et y avait un arc en ciel et le bateau y passait dessous. »

Une scène de barque dans la tempête a été associée immédiatement à une autre de même nature. Les rapprochements sont souvent plus précis. Ainsi Xavier (8 ans) :

« Le roi Hérode qui était à Jérusalem, il n'était pas content, il ne voulait pas qu'il y ait un bébé qui avait la force de Dieu… A un moment, il a envoyé tous ses soldats. Il disait : « Tous les bébés qu'on voyait : il fallait les tuer. Joseph et Marie ils étaient partis : ils ont rencontré les Rois Mages. » Et aussitôt Frédéric de raconter : « Ça me rappelle une histoire : c'est quand le roi heu… je ne sais plus dans quelle ville, en Egypte, il avait fait tuer tous les petits bébés… sa mère l'avait mis dans un berceau, elle l'avait mis sur l'eau… »

En rapprochant deux assassinats de bébés par un roi, les enfants sans s'en douter, refont spontanément les rapprochements entre Jésus et l'Ancien Testament que faisaient les premières communautés chrétiennes.

Connaissant cette possibilité des enfants, l'animateur de catéchèse provoque les rapprochements. Ainsi en CM 2 (10 ans) :

Animatrice — Voyez-vous des rapports entre Joseph (fils de Jacob) et Jésus ?

Christine — Les 12 frères, ils étaient 12 apôtres avec Jésus.

Jacques — Jésus c'est *pareil* que pour Joseph : ses frères ne l'aimaient pas et il n'était pas compris de ses frères. C'est *pareil* aussi à la fin : il a dit "je dois être chez mon père" et lui, c'est *pareil* : ses parents ne le comprenaient pas dans le Temple.

Carlos — Quand Joseph retrouve son père Jacob, on le croyait mort. Oui, parce que c'est *comme* Jésus : on le croyait mort et il est ressuscité.

Yann — Ça a un *rapport* avec l'agneau qui s'appelait Pascal (agneau pascal).

Christine — Il y a *aussi* le cierge pascal.

12-12, incompris-incompris, croyait mort-croyait mort, pascal-pascal... Le mécanisme de la parole concrète et manipulatoire de l'enfant qui rapproche des récits et des représentations terme à terme, fonctionne bien. Ces « opérations vertes » sont faites à l'aide de mots-agrafes : comme, pareil, et pas-pareil, ça ressemble, aussi, toujours, comme si... Ces mots sont des repères commodes pour l'animateur de catéchèse qui peut évaluer facilement le type de sens produit par l'enfant.

LE PASSAGE À L'ABSTRACTION

La première parole de l'enfant (de l'adulte ?) est naturellement concrète dans la mesure où elle s'appuie sur des images verbales (mentales ?). Tous les exemples le montrent. Demandons à des enfants de dix ans de rapprocher le Déluge du Baptême de Jésus, ils voient spontanément que, de chaque côté, on retrouve l'eau qui submerge et une colombe qui vole. Malheureusement il arrive que des enfants trop vite catéchisés, à qui on a imposé des significations, ne savent plus comparer et disent spontanément des formules du genre : « Il faut aimer Jésus. » Un passage trop rapide à une idée générale casse l'appropriation du sens. Quand l'abstraction — si juste soit-elle —

n'est pas fondée sur un rapprochement concret, elle n'est pas véritablement acquise.

Le passage à l'abstraction commence à se faire progressivement par la mise en parallèle de récits. L'enfant compare par exemple l'abondance de vin aux Noces de Cana à la profusion des pains lors de la Multiplication des pains, il met aussi en parallèle la crainte des disciples à la fin de la Tempête apaisée avec la crainte des spectateurs à la fin de la Guérison du démoniaque (Mc 1). Il découvre à force de manipuler et de « parler l'eau » sous toutes ses formes que l'eau évoque à la fois la vie et la mort, ce qui lui posera question. Les rapprochements se portent enfin, de plus en plus, sur des passages non descriptifs : l'enfant de onze-douze ans rapproche facilement le « Croissez et multipliez-vous du Déluge » avec celui de la Genèse et peut même dire : « C'est *aussi* une création qui sort de l'eau, « ou » c'est *comme* une naissance. » De là à passer au baptême il n'y a pas loin. Ainsi, *le passage du concret à l'abstrait demande-t-il un détour par des opérations de rapprochement. On ne « plaque » pas une idée religieuse abstraite sur un récit isolé et sans lien avec d'autres récits, d'autres expériences. L'enfant « décolle » à force de va-et-vient entre plusieurs représentations rapprochées les unes des autres.*

BONNES ET MAUVAISES ANIMATIONS

Un prêtre de paroisse explique aux enfants du Cours Moyen « la pauvreté de Jésus ». Il appuie sa démonstration sur le récit de la Nativité : « Jésus, le Fils de Dieu, est né pauvrement dans la paille d'une étable misérable. » L'adulte a en tête l'expression « être sur la paille » qui leste pour ainsi dire le mot « paille » d'un poids de pauvreté. Etre sur la paille, c'est ne rien posséder. Mais ce lien est inconscient et le prêtre ne voit pas que l'illustration de son idée — la pauvreté de Jésus — passe par ce rapprochement et que son insistance sur la paille peut avoir dans son auditoire une résonance différente.

Jérôme (10 ans) écoute de son côté l'explication du prêtre. Le code a bien fonctionné et l'enfant sent que l'adulte donne une importance particulière à l'expression «dans la paille». Il a d'ailleurs une expérience associée à ce mot : peut-être une partie de cache-cache où on se cherchait dans la paille. Toujours est-il que quelque temps plus tard Jérôme raconte :

> «*Joseph et Marie, ils ont fait un grand voyage; ils sont allés chercher leur petit bébé dans la paille, dans une étable.*»

Tandis que l'adulte est parti d'une idée, qu'il veut expliciter à l'aide d'un exemple concret, la démarche de l'enfant a été inverse. Jérôme a rapproché le «dans la paille» d'une expérience personnelle sans doute inconsciente. A partir de là, il a donné un sens (anecdotique) au récit évangélique qui en avait un tout autre, dans la tête de l'adulte. La communication a échoué parce que les rapprochements de l'adulte et de l'enfant ont été différents. L'évocation de l'humilité de Jésus Christ aurait pu passer par le rapprochement de plusieurs récits : l'Entrée de Jésus à Jérusalem, la Croix, le Lavement des pieds... Mais de tels rapprochements supposent une capacité d'abstraction rare en Cours Moyen.

Voici un autre exemple pris en CM 1 (9 ans) :

«Animatrice — David était petit quand il a été choisi par Dieu et Jésus, lui, était-il petit ?»

(Pour un enfant le mot «petit» recouvre en général deux significations, «petit en âge» et «petit en taille». L'animatrice vise probablement une réflexion sur l'humilité et la pauvreté de Jésus-Serviteur).

Jésus *aussi*, il était petit en âge, il était petit quand il a été roi, mais il avait beaucoup d'amour. Pour l'amour, il était grand.

— Quelqu'un qui n'a pas de foi, on peut dire qu'il est petit parce qu'il n'est pas gentil, qu'il n'a pas beaucoup d'amour pour Dieu. Ça dépend dans quel sens on le prend : petit en taille ou petit "qui n'a-pas-de-foi".

— On peut être petit en âge, petit en taille et avoir un petit esprit, heu... un petit-cœur-pas-de-gentillesse.

L'enfant veut grandir et le mot « petit » est marqué négativement. Quand l'animatrice lie le mot « petit » à l'évangile, elle lui confère spontanément une valeur positive. Ainsi la communication est-elle difficile car les expériences sont inverses. Pour l'enfant, Jésus ne peut pas avoir un « petit-cœur-pas-de-gentillesse » mais un « grand cœur de gentillesse ». Le prêtre de tout à l'heure qui symbolisait l'humilité de Jésus par la paille était dans la même situation, il ne pouvait pas être entendu. Décidément l'évangile, avec sa logique inversée, ne va pas de soi !

Mais dans le cas présent, l'intervention de l'animatrice est correcte puisqu'elle commence par faire opérer un rapprochement concret entre David et Jésus. Le parallèle effectué par les enfants empêche l'adulte de projeter son monde mental sur celui des jeunes : la communication est préservée.

Derrière chaque production de sens, il y a d'abord une opération « verte » : on n'accède pas directement à la signification. En faisant opérer des rapprochements entre deux récits, l'animateur de catéchèse permet aux enfants d'entrer eux-mêmes dans une création de sens. Ainsi en CM 1 (9 ans 1/2) :

Animatrice — David était un berger ; Jésus est-il *aussi* un berger ? (vert).

— Oui, parce que David était berger de ses moutons et Jésus est pasteur des hommes... c'est-à-dire *comme si* nous on était des brebis. C'est lui qui nous guide vers la lumière de Dieu. Le berger, c'est lui qui mène ses moutons. C'est *comme si* Dieu nous menait, *comme si* on était des moutons, un troupeau. Au lieu de nous diriger vers les pâturages, ils nous dirige vers la lumière de Dieu (vert).

CONFUSIONS DE SONS : FAUX « VERT »

Pour penser, l'enfant fait sans cesse des rapprochements. Pourtant, certaines opérations verbales du jeune enfant ne sont pas, malgré les apparences, des opérations « vertes ». Le jeune enfant, bien qu'immergé dans un monde concret où l'affectivité prédomine, se meut dans un univers totalement oral. Ne maîtrisant pas l'Ecriture, *son rapport au monde passe par son oreille.* Cette prédominance de l'oral sur l'écrit dure parfois longtemps : on rencontre des enfants de douze ans qui vivent ainsi.

L'animateur de catéchèse, équipé de fiches et de livres, oublie souvent cette réalité. Bien de ses difficultés viennent de là. L'enfant réfère les sons entendus à son expérience concrète, Grégoire (5 ans) parle d'un « fil de voitures » au lieu d'une file, rapprochant l'image linéaire du fil à celle de la chenille d'automobiles. L'oreille est moins précise que l'orthographe et les confusions de l'enfant sont nombreuses. Ecoutez ces enfants de cours préparatoire (6 ans 1/2) :

Yann — Samuel, il a dormi dans le Temple près de l'autel.

Stéphanie — Dans un lit.

Enfant — Moi, j'ai vu dans un livre, que Samuel était couché juste à côté de l'autel.

Stéphanie — C'est, quand on est fatigué en voiture, on va dormir dans un hôtel.

Animatrice — Comment sont faits les autels de l'Eglise ?

Enfant — C'est une forme de table, et puis on met des petites coupes, et puis y a de l'eau dans un petit bol.

Animatrice — C'est pas le même hôtel où on va se coucher ?

Tous — Non, non, non. Maintenant on fait avec des robinets... et un savon.

Animatrice — Tu parles de quel hôtel là ?

Yves — On met une baignoire dans l'hôtel et on peut se baigner.

Animatrice — Tu dis des bêtises : de quel autel parles-tu ?

Enfant — De l'église.

Animatrice — Je n'ai jamais vu de baignoire dans l'église.

Enfant — A l'entrée de l'église, j'ai vu un lavabo.

Enfant — Moi aussi, moi aussi.

Enfant — Dans la chapelle.

Animatrice — Ah oui, dans cette espèce de lavabo-là, ah oui, ah oui !

Ce genre de rapprochements est beaucoup plus fréquent que nous ne le pensons. A force d'écouter les enfants, nous nous en rendons compte comme l'animatrice ci-dessus (autel-hôtel, lépreux-l'Hébreu, les zèbres-les éboueux, Capharnaüm-cafards, pain sans levain-pain avec le vin, l'époux du mariage-les poux du mariage, etc).

Ces confusions, qui diminuent après l'apprentissage de la lecture et de l'écriture, sont en fait des rapprochements de sons. Dans le monde oral de l'enfant un son est couplé avec une image. Ainsi Luc (10 ans) entend, lors de la messe des Rameaux, le récit de l'entrée de Jésus à Jérusalem. Il interroge sa catéchiste :

« M'dame, c'est vrai qu'ils avaient tous des palmes ? » — « Oui, répond l'adulte, ils les agitaient en signe de joie. » — « Mais, rétorque l'enfant, ce ne devait pas être facile pour marcher. »

Le mot palme est couplé à une expérience du bord de mer. De même Jean (6 ans) :

« La lèpre, c'est la peau qui tombe à cause du soleil qui tape. »

Le son « lèpre » est couplé à l'image de la peau qui pèle à la suite d'un coup de soleil. Le rapprochement de l'entrée de Jésus à Jérusalem et du bord de mer, celui de la lèpre et du coup de soleil ne sont dus qu'à un mauvais couplage

« image-son ». Ce ne sont pas de vrais rapprochements mais une acquisition insuffisante de l'anecdote ; d'où l'importance, faut-il le redire, du « bleu ».

UN « VERT » UN PEU « BLEU » (ou un faux progrès)

Après avoir étudié un récit évangélique avec des enfants, on cherche une application pratique. Parfois, on inverse la démarche : à partir d'un exemple pris dans la vie, ou à partir d'une situation vécue, on introduit le récit biblique dans la vie. Il est important en effet que l'Ecriture ne reste pas enfermée dans l'anecdote religieuse, elle appelle à la conversion. Apparemment le rapport entre vie et évangile est une opération « verte » : tel manuel de catéchèse présente en parallèle une scène de la vie quotidienne et un passage correspondant. Deux représentations, la quotidienne et la biblique, sont ainsi rapprochées. Mais animer cela n'est pas toujours facile.

Premier exemple en CE 2 (8 ans) :
Animatrice — Que t'apporte cette histoire de Jésus pour ta vie personnelle ?
— Heu...
Animatrice — Ça ne t'apporte pas plus que l'histoire de France ?
Jacques — L'histoire de France quand même c'est pas bien, parce que c'est toujours la guerre, la guerre.
Animatrice — Mais par rapport à votre vie, l'histoire de Jésus la laisse-t-elle exactement *pareille* ?
Jacques — Ça la change parce qu'il devient heu...
Animatrice — Ah voilà ! Bien sûr ! Il y a donc des choses que vous ferez parce que vous croyez en Jésus. Si vous voyez quelque chose de mal, vous allez agir tout à fait normalement ? Vous allez le laisser faire ?
Jacques — Je vais le laisser faire parce que le Seigneur ne serait pas content si je le rendais.

Animatrice (qui introduit une autre image) — Par exemple, tu as deux copains qui se bagarrent en classe, tu vas les laisser faire ?

Jacques — Ah non ! A la télé heu... parce que moi heu... j'ai vu deux messieurs qui se battaient. Alors je leur ai dit : c'est fini la bagarre, on ne se bat pas. Allez hop !

Chacun son imaginaire ! Jacques, sur ses propres images, fait une opération « verte ». Il se met en parallèle avec la scène télévisée jusqu'à d'ailleurs se confondre avec le héros de l'histoire. Le rapprochement que demande l'animatrice est bien trop abstrait et général pour réussir. Autant Jacques reste « au ras » des images, autant l'adulte se meut dans l'abstraction. Les rapprochements ne se font pas au même niveau. Avec des enfants plus âgés l'animation des rapprochements « vie-évangile » n'est pas non plus facile.

Ce groupe de Sixième (11 ans) réfléchit sur l'histoire de Zachée (Lc 19) :

Animateur — Quel est le sens de ce texte ? Qu'est-ce que ce texte vous fait comprendre ?

Etienne — Eh bien, que Jésus pardonne les hommes quand ils font du mal, des péchés.

Gilles — C'est pas bien de voler les gens ; faut pas voler.

— On peut pardonner, on peut aussi comprendre : on n'est pas un petit ordinateur, on réfléchit...

Jean — Moi, c'est quand on vole les autres, on n'a presque plus d'amis, on est dans sa petite bulle avec les autres qui se moquent. Alors on est tout triste : vaut mieux pas trop faire de bêtises...

Là encore, la demande de l'adulte est globale et abstraite (code jaune) et les enfants répondent soit par une formule générale non justifiée (Etienne, Gilles), soit par un rapprochement ponctuel de type existentiel : les autres se moquent (de moi) la foule se moque de Zachée. La sensibilité à la moquerie est forte chez l'enfant. Le rapprochement est du type : *Comme* Zachée, moi...

Autre exemple : ces enfants de classe de Sixième (11 ans) ont mimé la semaine précédente, la Parabole du fils prodigue.

Animatrice — Croyez-vous que ça, ça arrive dans la vie? (demande de parallèle : vert).

Agnès — Oui, les enfants abandonnés. (bleu).

Dominique — Quand on aime ses enfants, moi je pense qu'on ne les abandonne pas. (bleu).

— Moi je pense que ça dépend des parents : le père, il pense que c'est un peu de sa faute. Il a compris sa faute. (bleu).

Animatrice — Mais le père n'avait pas fait de faute! (bleu).

Tous — Si, si si... il l'avait quand même laissé partir... (bleu).

Agnès — Mais il pensait peut-être qu'il avait fait quelque chose de mal puisque son fils voulait partir. (bleu).

Animatrice — Le fils avait fait une faute? (bleu).

Agnès — Ben quand même : partir, prendre l'argent... puis après revenir! (bleu).

Rémy — Encore : partir pour un homme, c'est normal, mais gaspiller l'argent de ses parents, ça alors c'est... (bleu).

François — Au lieu d'essayer d'en gagner, de travailler... il aurait mieux fait de dépenser un tout petit peu chaque jour. (bleu).

Tous — Ben oui, il faut travailler. Vivre c'est heu... (bleu).

Animatrice — Vivre c'est travailler?

— Ben oui, il faut travailler. Mais vivre c'est pas ça, c'est pas travailler.

— Quand on a de l'argent, on a beaucoup d'amis. (bleu).

Catherine — Quand on n'a plus d'argent, on a des ennemis. (bleu).

— Non, plutôt des indifférents. (bleu).

Animatrice (qui recentre le débat sur la fiche) — L'histoire du fils prodigue comment est-elle reliée au pardon? (vert abstrait?).

Rémy — Parce que le père pardonne.

— Oui, le père a oublié tout ce qu'a fait le fils.

Animatrice — Pas oublié tout à fait quand même : pardonner ce n'est pas oublier.

Catherine — Il a essayé de ne plus y penser. (bleu).

Animatrice — Qui représente ce père ? (vert : transposition).

— Dieu, et le fils, c'est nous. (vert).

— Chaque fois qu'on fait une bêtise, il nous pardonne.

Animatrice — Alors, on est tous des fils prodigues.

Ces enfants, encore une fois, tirent à eux le texte évangélique parce qu'ils le rapprochent d'images ou de clichés contenus dans leur imaginaire (« quand on n'a plus d'argent, on a des ennemis »). Point par point, ils relient l'anecdote évangélique à l'anecdote de situations qu'ils connaissent, à leur éducation. Ces rapprochements se font sur telle partie du récit (la faute du père, la faute du fils) et non pas sur sa totalité. Pour eux, le récit n'a pas une unité de sens. Devant ces liaisons ponctuelles incohérentes, l'animatrice navigue en sens contraire ; elle tente de repousser successivement la mise en accusation du père, l'apologie de l'argent et l'opposition vie-travail qu'elle a pourtant produite par sa question : « Vivre c'est travailler ? » La mention du pardon introduite par l'animatrice, et d'ailleurs saisie de travers (« chaque fois qu'on fait une bêtise, il nous pardonne »), ne fait que s'ajouter à l'ensemble des correspondances imaginaires « texte-vie ».

Rien d'extraordinaire à cela : les rapprochements effectués par les enfants entre scènes d'évangile et expérience (images existentielles) constituent leur mode d'appropriation du récit évangélique. Celui-ci est intégré aux images déjà acquises, absorbé par un monde mental préexistant. *Cette appropriation se réalise point par point, scène par scène, sans lien d'ensemble,* un peu comme la couture de deux pièces de tissu : chaque point est un rapprochement. La prise de conscience du sens global du texte ne peut venir qu'après. Ces opérations « vertes » ne respectent donc pas le récit dans sa globalité ; elles le faussent et l'enferment même dans la subjectivité du jeune, d'où les réactions de l'animatrice. Nous sommes très loin du mystère pascal et de la théologie de Luc.

Pourtant cette appropriation est normale et nécessaire. Ce faux « vert » conduit au « bleu » c'est-à-dire à l'édification du scénario imaginaire (cf. chapitre précédent); c'est une étape importante. Si l'animateur de catéchèse a des difficultés, c'est qu'il pense que cette première étape est un dépassement de l'anecdote alors qu'elle n'en est que sa construction. L'enfant entreprend ces opérations dès la phase d'information.

UNE INFORMATION POUR DU « VERT »
OU UNE INVITATION À RAPPROCHER

On a vu, au chapitre précédent, comment raconter une histoire pour faire acquérir au mieux les matériaux imagés de l'anecdote biblique. On raconte en soulignant des scènes, des détails, des expressions qui sont essentiels à la confession de foi. Si maintenant nous voulons faire lier un récit biblique à d'autres, ou à des sacrements, non seulement nous insisterons sur les éléments qui seront l'occasion des rapprochements souhaités, mais nous interpellerons en plus l'auditoire. Par exemple, en parlant du vin des noces, nous dirons d'un air entendu : « Ça vous rappelle quelque chose ? » Nous irons même jusqu'à faire un lapsus en laissant échapper le mot « sang » à la place de vin. Ces perches tendues en cours d'information seront peut-être reprises si elles correspondent à quelque chose pour l'enfant. Nos suggestions sont à l'origine des rapprochements. En ne suggérant rien, nous limiterions l'apprentissage du « vert ».

A partir de 9-10 ans (CM), il est possible, sans risque de confusion, de présenter ensemble lors de l'information plusieurs récits. Ils auront des points communs : codes qui se répètent (l'eau, le désert, des chiffres : 3, 7, 40... la montagne...), des situations semblables (ange annonçant une naissance, repas, sauvetage...), des expressions qui reviennent (mort et résurrection, salut, ascension...). Si la répétition le frappe, l'enfant les repérera et les rapprochera. Dans le cas d'une telle information, nécessairement longue, l'établissement des rapports prend le dessus sur les opérations de savoir. L'accent est mis sur le « vert » et non sur le « bleu ».

Attention : l'information est nécessairement verbale, même si elle est soutenue par une présentation de diapositives. L'enfant, habitué aux mathématiques modernes, associe généralement vite des images semblables, il perçoit visuellement des structures correspondantes. C'est pour lui jeu logique. L'oralité de l'information (on raconte une histoire) nous permet d'associer un son aux représentations visuelles. En montrant des scènes de navigation (Jésus traversant le lac par exemple), on dira le mot « eau » : Jésus passe l'eau. Ainsi à cause de la parole, du son « eau » qui frappe l'ouïe, le rapprochement ne sera pas seulement extérieur (association mécanique d'images). La parole confère une profondeur à l'image. Le mot « eau » est porteur de toutes les représentations liées en lui. C'est la parole qui rassemble le visible et qui crée l'effet symbolique. Le simple rapprochement visuel n'est qu'un exercice mécanique qui engendre l'extériorité de l'enfant ; l'ouïe, en revanche, produit l'intériorité [4].

L'information est orientée vers l'objectif pédagogique que nous poursuivons : des opérations de savoir, information dans le « bleu » ; des opérations de liaison, information qui incite au dépassement du scénario imaginaire.

CRÉATION DANS LE « VERT »

Si la création dans le « bleu » est une redite du récit (production d'images ou d'une séquence d'images) la

---

4. Cf. *Retrouver la parole* de W. Ong (Mame 1971).

création dans le «vert» exprime déjà des liaisons entre récits bibliques (et liturgies). Un enfant de 9 ans est capable de dessiner en parallèle, Jonas rejeté le troisième jour sur une plage et Jésus sortant le troisième jour du tombeau. Il peut aussi construire côte à côte une crèche et un tombeau vide sans pour autant approfondir cette correspondance [5].

Pour les enfants de moins de 9 ans, des jeux de loto ou du genre dominos-images peuvent être réalisés pour effectuer des rapprochements. Les récits bibliques sont dessinés sur des cartes qui les représentent à la manière d'une bande dessinée. Chaque carte illustre une scène. En jouant, les enfants rapprochent les scènes semblables. Par exemple, ils poseront côte à côte des cartes représentant Jésus qui donne le pain lors de la Cène, Jésus qui donne le pain aux foules lors de la multiplication des pains, Dieu qui donne la manne aux Hébreux dans le désert... Les enfants établissent ainsi des correspondances en manipulant des cartes. Les règles peuvent être variées à l'infini.

Le jeu des sept familles peut également servir de modèle pour une activité catéchétique, réalisée sur des récits bibliques. Ceux-ci sont découpés comme précédemment en scènes numérotées de un à cinq. Le jeu consiste d'abord à essayer d'avoir les cinq cartes de la même histoire afin de pouvoir la raconter. Ainsi les enfants apprennent-ils déjà l'anecdote. Ensuite, ils peuvent utiliser les cartes qui ont des points communs pour établir des rapprochements. On peut aussi s'arranger pour que le découpage mette en évidence une structure commune des récits : à force de manipuler les cartes, les enfants les mémorisent[6].

---

5. Nous retrouvons là des artifices de la tradition iconographique bizantine.
6. Cf. *Du jeu à la prière*, p. 49-52.

La transposition d'une parabole évangélique « dans la vie d'aujourd'hui » est une opération « verte », l'enfant la réalise en effet terme à terme. Voici l'exemple de l'Intendant infidèle réalisé par des enfants de 11 ans (6e) : « Le président convoque son premier ministre et lui dit : "J'entends dire que vous vous occupez mal des affaires de l'Etat, il y a de la misère. Je ne vais pas vous garder à votre poste." Le premier ministre s'en va bien ennuyé ; il se dit : "Que vais-je faire ? Je ne peux pas demander du travail à mon ancien patron et j'ai honte de m'inscrire au chômage." Il réfléchit et a une idée. Il convoque les ministres des Affaires étrangères, de l'Agriculture et de l'Education. Il dit au premier : "Combien le Sénégal vous doit-il ? — Un milliard ! — Tu mets 500 millions." Il dit au second : "Quelle somme avons-nous prêtée aux agriculteurs ? — Dix millions. — Tu mets 5 millions." Au troisième il demande : "Combien avons-nous prêté aux écoles ? — Cinq millions ! — Tu mets 2 millions." Et le président garde son premier ministre qui avait su se faire des amis. »

Une telle transposition, qui est en fait la mise en parallèle de deux « décors » l'ancien et le nouveau, permet à l'enfant de sentir qu'au-delà des deux anecdotes semblables, il existe un sens commun. Ce changement de décor met ainsi l'enfant sur la voie d'une vérité autre qu'anecdotique (code jaune) qu'il n'est souvent pas capable encore d'expliciter correctement.

Dans cette même ligne, on peut aussi faire « coder » à l'enfant une anecdote de sa vie en utilisant des « codes bibliques » définis à l'avance [7]. Ce changement de langage (transposition) peut se ranger aussi dans les opérations « vertes ».

---

7. Cf. *Apprendre à dire Dieu* p. 115-120.

C'est dans le temps de parole qui suivra que l'animateur de catéchèse se rendra compte de la compréhension des enfants : lequel verbalise au-delà d'un simple rapprochement mécanique ? Lequel établit facilement des correspondances ? Lequel n'y arrive pas ? Chaque enfant avance en effet à son rythme et les niveaux de compréhension sont, dans une même équipe, très divers. Animer dans le « vert » appelle quelques règles simples :

1 — **S'assurer d'abord de la bonne connaissance des anecdotes** à faire rapprocher. Sans un savoir antérieur, pas de construction possible !

2 — **Etre directif.** Parole libre ne veut pas dire « non-directivité » de l'adulte. Bien au contraire ! Si l'animateur ne disait rien, ce serait la « mort » de l'équipe qui sombrerait dans le silence ou l'anarchie. Certes, les rapprochements sont faits parfois spontanément, ne pas hésiter toutefois à les réclamer : *« Ce pain que donne Jésus vous rappelle-t-il d'autres histoires ? »*

3 — **Accepter tous les rapprochements.** Les enfants feront alors les rapprochements que leur savoir leur permet. Ils peuvent être excellents. Ainsi Pierre (5 ans) :

L'aveugle Bartimée, *ça ressemble* à l'histoire de Jonas parce que Jonas, il a été dans le noir, quand il était dans le ventre du grand serpent et après ça il a été dans la lumière et c'est Jésus qui l'a dit de le recracher.

Ils peuvent aussi être « hors-sujet » :

« Les quarante jours de Jésus dans le désert c'est *comme* les quarante voleurs d'Ali-Baba. J'avais vu à la télé... » (Michel 8 ans).

L'opération est bonne, mais le point d'application est contestable. Après avoir félicité l'enfant, lui dire que cette histoire n'est pas dans la Bible.

4 — Ne pas faire parler à partir d'un seul récit mais de deux au moins. L'enfant ne s'élève en effet dans l'abstraction qu'en comparant plusieurs éléments. Sa pensée concrète procède par va-et-vient.

5 — Faire expliciter les correspondances. Ne jamais se contenter d'une seule réponse vague et générale. Que le rapprochement soit concret (tel détail, telle image) avant d'être abstrait (telle idée).

Exemple : Animatrice — Naaman a été guéri de la lèpre en se plongeant dans l'eau. Jonas a été sauvé des eaux, de la noyade...

Fabrice (9 ans) — Ah oui : c'est *pareil* !

Animatrice — C'est pareil ?

Tous — Oui, non, oui, non...

Fabrice — Il y en a une qui porte bonheur pour guérir et une autre heu... Ah ben non... heu... parce qu'il a pardonné Dieu s'il irait à Ninive.

Christine — Dans l'histoire de Noé, l'eau, elle porte bonheur et malheur...

Animatrice — Comment ça ?

L'adulte ne se précipite pas sur la « magie » exprimée, elle a raison car l'univers mental de cet âge est ainsi fait, elle préfère faire préciser les rapprochements des enfants.

Autre exemple : Odile (10 ans) — Jésus, quand il est resté 3 jours et 3 nuits et après il est ressuscité, ça a un *rapport* avec Dieu (bleu).

Animatrice — Et Jonas alors ?

Stéphane — Il a été recraché, c'est *pareil* (vert).

Animatrice — Mais Jésus n'a pas été recraché de la croix ?

Stéphane — Jésus, quand il était dans son tombeau, c'est *comme s'il* était avalé par le serpent qui était dans son tombeau. Et quand il est sorti, c'est *comme s'il* était recraché.

Animatrice — Il y avait un serpent dans le tombeau de Jésus ?

Stéphane — Non, c'est à peu près *la même chose* : Jésus entre dans le tombeau, c'est *comme s'il* entrait dans le serpent ; il referme la bouche du serpent là : le tombeau a été refermé. Et quand il est ressorti, c'est *comme si* le serpent avait recraché sur la plage.

Odile, au début, ne fait pas un vrai rapprochement, elle reste dans l'anecdote de la Résurrection : Jésus a été ressuscité par son Père. Le rapport est pratique. Le reste du débat est dans le «vert».

6 — **Ne pas aller trop vite.** Si l'animateur veut aller trop vite, il se découragera. L'enfant peut en effet rester une année entière (CM 1 par exemple) à effectuer des repérages sans aller au-delà. Il dit : «C'est un code» ou «c'est un symbole de Dieu». Les mots «code» et «symbole» signifient simplement que l'enfant perçoit des mots et des sons qui reviennent souvent. Il a plaisir à le faire remarquer.

Il dira par exemple : «Naaman s'est plongé 7 fois dans le Jourdain. Et puis, dans Joseph il y a 7 années d'abondance et puis 7 années de famine, 7 jours de la création, 7 jours de la semaine... Le sabbat, c'est le 7e jour.»

L'opération de rapprochement, ce repérage, n'implique pas automatiquement la signification : quand 7 veut dire autre chose que 7. L'enfant peut utiliser des expressions comme «vouloir dire, signifier, ou représenter», qui recouvrent pour nous des opérations de signification en y mettant un tout autre contenu (un simple rapprochement par exemple). Certes, les opérations «vertes» prédispo-

71

sent l'enfant à aller au-delà (opérations rouge et jaune) mais chaque chose en son temps.

Autre exemple : Murielle (11 ans) — La montagne, c'est le lieu où Jésus est mort, *aussi* où il a été transfiguré, où il a disparu. Presque tout ce qui lui est arrivé, c'est sur une montagne.

Catherine — C'est *un peu comme* un code, *comme* les "trois jours", les "sept jours"... parce qu'il y a beaucoup de choses qui se passent sur des montagnes dans la Bible : Elie, Moïse... et Dieu se *présentait* heu... *ça représentait* Dieu, car, dans la montagne, il y a Dieu qui parle à Elie, à Moïse *aussi*. Y a Dieu qui parle. Ben c'est Dieu qui dit : "C'est mon fils, y faut l'écouter." La montagne c'est le code de Dieu.

7 — **Promouvoir du « vert » abstrait.** Si l'enfant est à l'aise dans des correspondances concrètes, l'animateur peut tenter de lui faire faire des rapports abstraits.

Exemple : Animateur — Y a-t-il un rapport entre la Résurrection et une naissance ?

Sophie (11 ans) — Après on est dans le Royaume de Dieu. *Comme si* on revivait une vie, mais *pas la même*. Jésus *aussi* n'a pas "revi" la *même* vie.

La question n'est pas saisie.

Autre exemple (CM 2) : 40 : avec l'arche de Noé, il était resté 40 jours le Déluge. Et puis aussi les Hébreux sont restés 40 ans avec Moïse dans le désert. Et puis aussi Jésus, il est resté 40 jours dans le désert.

Animatrice — 40, ce n'est pas un moment facile.

— Avec l'aide de Dieu, ils peuvent rester longtemps dans le désert.

Animatrice — 40, ça veut dire longtemps ?

— C'est pour prouver qu'avec l'aide de Dieu, ils sont courageux, ils peuvent survivre.

— Dieu est là ; avec son aide, on peut traverser des épreuves.

Animatrice — Le carême dure quarante jours (vert).

— Avec l'aide de Dieu, on passe des épreuves, on fait des sacrifices.

8 — Si le temps de parole libre se fait nécessairement **par petites équipes jusque vers 8 ans** (CE), on peut l'envisager comme **une rencontre de deux ou trois équipes dès le Cours moyen.** Chacune d'elles, après avoir présenté ses travaux de création, interpelle les autres sur deux ou trois questions « vertes » qu'elle a préparées à l'avance. L'animateur de catéchèse cherche à pousser le plus loin possible les rapprochements des enfants. Ce débat peut être l'occasion d'un jeu.

Ce chapitre a présenté des techniques d'animation dans le « vert ». Ce travail semble isolé des étapes suivantes (rouge et jaune) mais ce n'est que pour des raisons d'exposition. Le « vert » est un objectif pédagogique en soi et il est nécessaire d'y rester longtemps. On en voit toutefois les limites. Dans la pratique, l'animateur de catéchèse tentera si possible d'aller au-delà (cf. chapitres 3 et 4). L'*important est* de ne pas aller trop vite, de procéder par étapes, et surtout *de rester au contact des enfants.*

PRIER DANS LE « VERT »

Dans la prière, les rapprochements se retrouvent de deux façons :

1 — L'enfant utilise spontanément le récit biblique comme exemple pour lui-même. Il s'identifie souvent au personnage principal : *« Comme le petit Samuel, Seigneur je veux t'écouter quand tu me parles. »* Ou *« Les apôtres ont*

eu peur dans la tempête qui coulait la barque ; Seigneur, avec toi, moi je n'ai pas peur. Tu es le plus fort de tous ! » (Jérome 7 ans).

2 — Les enfants peuvent aussi présenter côte à côte des récits ayant des similitudes. Ils mettront en parallèle, comme dans certains vitraux ou mosaïques du Moyen Age, des scènes de l'Ancien Testament et du Nouveau. Ils rapprocheront par exemple les trois récits suivants : Dieu promet à Abraham des fils aussi nombreux que les étoiles du ciel (Gn 15), le Mage Balaam aperçoit au loin une grande étoile (Nb 21) et une étoile guide les Mages vers Jésus (Mt 2). La prière reliant ces trois histoires pourrait être : *« Seigneur, tu es la Promesse de Dieu à Abraham, tu as été annoncé par Balaam, tu es l'Etoile radieuse du Matin qui nous guide dans les ténèbres. »* On peut organiser une procession avec des étoiles et même une liturgie de la lumière.

Au stade de la prière, l'animateur de catéchèse doit être particulièrement directif. C'est lui qui réutilise les travaux et les réflexions d'enfants pour construire la célébration. C'est lui qui transforme le sens produit par les jeunes en prière. Il a ici un rôle d'initiateur[8].

Elisabeth, Catherine, Marie et Valérie d'un groupe de catéchèse de CM 1 aidées de leur animatrice font cette prière :

Seigneur, sois notre guide comme tu l'as été pour ton peuple jadis. Par ton Eucharistie tu demeures toujours présent parmi nous, donne-nous toujours ta lumière.

---

8. La prière demande un véritable apprentissage : les enfants n'y entrent pas seulement en répétant des formules toutes construites, mais en s'entraînant à fabriquer eux-mêmes des prières à partir de l'Ecriture qu'ils rapportent à Jésus Christ. Ils pénètrent ainsi activement dans la communauté ecclésiale et deviennent capables d'habiter et de méditer la Parole de Dieu.

Nous venons de nous fixer comme objectif pédagogique d'apprendre aux enfants à établir des liens entre récits bibliques et avec la liturgie et les sacrements. Cela peut paraître un jeu intellectuel et c'en est un à coup sûr aux yeux du matérialiste. Dans notre monde positiviste, un chat est un chat sans plus et chaque chat a sa place ; chaque récit biblique en effet est situé à un endroit de la ligne du temps et quasiment enfermé dans une époque, dans un milieu, dans une culture, dans un mode de production. La Bible, qui n'est pas rapportée à Jésus Christ, est lue seulement comme une immense chronologie qui se déroule d'Abraham (voire de David) aux premières communautés chrétiennes. Le seul lien unissant les époques et les récits est le « et puis, et puis, et puis ». Nous sommes là délibérément dans l'ordre de l'anecdotique (bleu). Cette lecture linéaire est irréprochable mais elle n'a rien de spécifiquement chrétien, elle est seulement mortellement banale : « un âge va, un âge vient et la terre tient toujours » (Ec 1, 4).

Faire opérer des rapprochements entre récits d'époques différentes pulvérise la ligne indéfinie du temps. Voir en Joseph une préfiguration de Jésus, comme semble l'insinuer le diacre Etienne (Ac 7, 9-16) ou dire que Jésus est le nouveau Moïse selon la prophétie de Dt 18, 18, comme le laisse entendre tout l'évangile de Matthieu, revient à mettre en relation des événements qui n'ont positivement rien à faire ensemble. Cette opération mentale, scientifiquement absurde, est pourtant un choix fondamental de la foi. Le « conformément aux Ecritures » du Credo prend d'ailleurs sa consistance d'une telle intelligence de la foi inspirée de l'Esprit. Aujourd'hui encore notre vie y reste suspendue. C'est par ces rapprochements illuminés par la Résurrection que les premières communautés chrétiennes ont pu commencer à confesser qu'un homme — pire, qu'un crucifié — est Dieu.

Quand les enfants commencent à opérer des rapprochements — et ils sont vite experts en la matière — ils ne font certes qu'un jeu intellectuel dont ils raffolent parfois. C'est par nous, communauté chrétienne, que ces opérations « vertes » ont un lien avec la foi parce que nous en savons la raison et parce que notre prière les reprend. Si la liturgie dominicale de la Parole mêle l'Ancien et le Nouveau Testament, c'est pour qu'aidés par l'homélie, nous fassions ces rapprochements. La prière de la communauté est en effet le lieu et la raison d'être de ces opérations. C'est par elle que les enfants perçoivent — reçoivent — l'intelligence de la foi au-delà du jeu intellectuel.

Ainsi la Révélation biblique « fonctionne »-t-elle de façon inhabituelle. *L'Ecriture est entièrement rapportée à Jésus Christ* (2 Co 3, 12-18), *les textes de l'Ancien Testament désignent de façon voilée Jésus comme le Messie.*

Mais ce langage biblique-symbolique, à la différence d'autres langages, ne décrit rien ; il voile et révèle tout à la fois le Christ. Ce n'est pas une claire vision : rien de la netteté d'une preuve. Comme les apôtres, nous hésitons : « Ses disciples n'osaient pas lui demander "Qui es-tu ?", car ils savaient bien que c'était le Seigneur » (Jn 21, 12).

Nous abordons ici l'étape suivante qui s'enracine dans les rapprochements entre Testaments : le « rouge » naît du « vert ». Le « rouge » correspond au questionnement au contraire de la certitude : « Quand ils le virent, ils se prosternèrent, *certains cependant doutèrent* » (Mt 28, 17). Puisque la foi n'est pas la claire vision (2 Co 5, 7) ; elle porte en elle la quête incertaine de Dieu.

Par cette nouvelle étape, existentielle au sens fort [9], *nous*

---

9. Le caractère existentiel de la catéchèse est un problème actuel, sans doute saine réaction au formalisme de l'ancien catéchisme. Mais les solutions essayées n'ont pas toujours donné satisfaction : le rapport de la « foi à la vie » ne va pas de soi. Il est nécessaire d'éviter le formalisme, le moralisme (le chrétien fait ceci, fait cela...). Nous répondons à cette question en montrant comment la catéchèse de l'enfance peut donner un langage qui devient vie, ou peut le

abordons un nouveau rapport à la vie. L'animateur de catéchèse veut parfois le faire faire comme une opération « verte », en mettant en parallèle tel récit biblique avec tel exemple vécu, mais n'est-ce pas prématuré ? La Révélation en effet — nous venons de le montrer — ne « fonctionne » pas comme une morale, la Bible n'est pas l'illustration d'un comportement. L'Ecriture est la Parole de Dieu et il n'y en a qu'une seule : Jésus Christ, le Verbe qui s'est fait chair (Jn 1, 14). Mais *l'identification de la Bible et de Jésus Christ ne peut se faire qu'à partir des opérations « vertes », le rapprochement des deux Testaments.* Nous l'avons prôné ici jusque dans la prière. Nous verrons, dans le prochain chapitre, comment l'existentiel surgit en catéchèse à partir des rapprochements et comment le questionnement critique, voire le doute existentiel, des jeunes perturbent l'animateur de catéchèse qui a souvent du mal à les prendre en compte.

---

devenir, lors de l'adolescence. Nous verrons dans le chapitre suivant comment la question de la mort comme condition de la vie, nous semble être le ressort essentiel qui fait du langage de foi une vie. La Parole de Dieu ne prend-elle pas son sens de l'horizon de la mort qui commence à s'expérimenter à l'adolescence ? Cf. *Catéchèse biblique symbolique, séquences* : le statut du langage de foi.

Chapitre III
Le savoir en question

(Animation dans le « rouge »)

DÉCHIRURES

Familiarisé avec la Bible, imprégné d'images et de récits, l'enfant pense[1]. Des questions apparaissent, trottent dans sa tête. Il tente des réponses qui le satisfont plus ou moins ; il nous les adresse, écoutant d'ailleurs peu nos explications embarrassées. Nous les connaissons bien ces questions d'enfants, impromptues, étranges, faisant parfois sourire, mais toujours posées avec le plus grand sérieux : « Maman, Dieu n'existe pas : un village dans le ciel, ça ne peut pas tenir ! Maman, Dieu n'existe pas : il n'y a pas de village dans la terre et, si on creuse, on creuse, il a des gens de l'autre côté ! Maman, Dieu n'existe pas,

---

1. Si le récit biblique entendu dans la liturgie n'est pas émoussé par l'habitude, il devrait paraître bizarre, étrange. La première raison de son étrangeté est la distance culturelle : ne provient-il pas d'un temps bien différent du nôtre ? Mais ce côté exotique, tout compte fait banal, n'est pas le plus important en catéchèse. On peut le réduire en effet par une bonne connaissance de la culture du temps, par un bon savoir historique. L'étrangeté essentielle du texte évangélique ne vient-elle pas d'abord du fait que Jésus de Nazareth est Dieu ? Cette distance-là n'est pas réductible, sans quoi l'Evangile ne serait plus l'Evangile, révélation de Dieu.

parce que les histoires de Dieu sont écrites dans un livre et on peut écrire tout ce qu'on veut dans un livre ! » Cet enfant de cinq ans essaie de lier Dieu à un lieu concret, à une réalité visible, pour pouvoir y croire. D'où ce questionnement permanent.

Autant l'enfant imprégné d'images religieuses se heurte très tôt à des questions, autant l'enfant vivant dans un milieu agnostique a plus de mal à réfléchir. Encore faut-il ne pas radicaliser cette différence. Par les mass media, les enfants sont vite confrontés à la question de Dieu, la grande majorité de leurs informations religieuses ne venant pas de la catéchèse. D'ailleurs un certain « sens religieux » est comme inné : des tests réalisés en classe de sixième (11 ans) semblent montrer que la plupart des enfants ont prié quand ils étaient plus jeunes, mais comme on s'adresse à saint Antoine pour retrouver l'objet perdu.

« Moi, dit Marie, je priais quand je ne savais pas ma leçon, pour que la maîtresse ne m'interroge pas. Moi, dit Loïc, j'ai prié quand ma Mamie est morte, et elle est morte... Dieu n'existe pas. »

Rares sont les enfants qui ne se sont pas heurtés à l'échec de la prière. Ils peuvent en conclure différemment :

« Faut pas prier pour n'importe quoi, pour des choses importantes seulement. » « Moi, Dieu n'existe pas : c'est le hasard. » « Peut-être que si ! »

L'expérience de l'échec de la prière n'est pas superficielle, elle atteint l'homme au cœur de lui-même, dans sa façon de vivre, dans sa façon de comprendre le monde. *Ce doute-là est existentiel, profondément lié à la vie*, il nous atteint tous. La foi d'ailleurs pourrait-elle se construire sans tenir compte de cet abîme qui se dévoile de temps en temps sous nos pieds ? Certes non ! *Le doute est au cœur de l'acte catéchétique car il est le fait irréductible de notre condition d'homme.* Mais quelle dynamite manipulons-nous ? Nous ne sommes pas maîtres de l'issue de la question car, en ce domaine, la liberté est toujours inaliénable. Le doute, comme tout échec, peut conduire à un approfondissement, mais il peut aussi engendrer le refus, la révolte et pire : l'indifférence. « Avant je croyais, maintenant c'est fini ! »

Qu'il le sache ou feigne de l'ignorer, l'animateur de catéchèse est concerné par le doute, ce questionnement vital de l'enfant. Miroir de lui-même, image de sa condition mortelle — nous ne sommes pas Dieu — l'adulte capte, comme un drame, la détresse de l'enfant. Il ne peut pas rester insensible, il se culpabilise même, il parle, il parle, il tente souvent avec ses pauvres moyens d'éviter à l'enfant l'interrogation cruciale : La mort ? Dieu ? Mais a-t-il raison ? A quoi sert de brandir le manuel ou l'autorité, savoirs illusoires ! Rien ne peut nous éviter la question du sens de la vie, même pas la science. Pour tous l'interrogation demeure : « Et si Dieu n'existait pas ? » Le chrétien n'en est pas exclu, contemplant la Croix il ne peut pas oublier la mort du Juste. Il sait bien que, témoin du Ressuscité, il n'a comme toute réponse que le tombeau vide... qu'il cherche à remplir par le plein de sa vie. Pourtant l'autre hypothèse reste comme un savoir possible. « Ses disciples sont venus dans la nuit dérober le corps » (Mt 28, 13). Une telle possibilité a l'avantage de la clarté et de la raison. La foi ne peut y opposer que son obscurité et sa folie. (1 Co 1, 18 et suivants). L'animateur de catéchèse sait cela qu'il le veuille ou non. De quel droit alors refuserait-il à l'enfant de questionner ? Ne serait-ce pas lui fermer la foi, cette recherche vitale, éperdue et exigeante de Dieu ? Mais le voilà condamné à vivre avec l'enfant — à nouveau — son propre malaise quand soudain au détour du chemin, il entend murmurer la question « rouge » : « C'est bizarre,... Je n'y crois pas... c'est inventé... ce n'est pas vrai... »

Ainsi, le temps du questionnement vital est-il avec

évidence un moment capital de l'acte catéchétique : *le moment de vérité*. Suivant son âge, l'enfant y sera plus ou moins sensible, le refusera ou l'exprimera. Parfois il le taira tant il en a peur alors que celui-ci le brûle. Il se dit par exemple : « Au caté, il faut y croire. » Conspiration du silence, connivence inconsciente avec l'adulte qui ne tient pas beaucoup à sortir de la fiche. Et pourtant, un jour viendra où... ! Mais si vraiment ce « rouge » est crucial, alors la fiche devrait le prévoir, alors nous devrions savoir l'accueillir, le solliciter même et l'animer. *Il nous semble être en effet le ressort profond, la condition même d'une foi adulte qui, sans lui, ne pourrait pas prendre sens dans la vie.* L'image de l'homme-Dieu cloué sur la Croix un vendredi de printemps nous y convie.

LE DOUTE MÉTHODIQUE

Si la mort est bien le ressort profond de la vie humaine, en tant qu'elle produit encore et toujours la question de sa raison d'être et de son sens, le doute existentiel ne peut pas être commandé par le catéchète. Il arrivera d'ailleurs bien assez vite dans l'existence du jeune.

Le catéchète doit toutefois préparer l'enfant à le recevoir lorsque viendra le jour où il sera confronté durement aux questions ultimes que l'homme raisonnable et raisonnant se pose fatalement. Il doit permettre à l'enfant de dépasser la seule vérité expérimentale et pratique pour le faire accéder à une autre intelligence de la vie, à un autre rapport au monde. Le catéchète doit donc aider l'enfant à mettre en question ce qu'il voit — les images de la vie —, ce qu'il touche, ce qu'il mesure... Et cette mise en question de la positivité du monde comme unique repère n'est pas facultative en catéchèse chrétienne puisqu'elle ouvre la question de Dieu ; elle la pose. Celle-ci en effet surgit bien souvent sur un fond de « mort » sans lequel, sans doute à cause du péché, la vie resterait désespérément anecdotique (rapport « bleu » au langage et donc au monde).

L'attitude questionnante surgit habituellement en catéchèse à partir des récits de la foi. Ceux-ci exposent en effet une vision du monde rapportée au Christ ressuscité bien différente des descriptions du monde matériel qui ne dépassent pas l'horizon d'une vie limitée à la mort. Mais une telle lecture chrétienne (et même biblique) de la vie est inhabituelle en monde positiviste où la seule vérité admise, reconnue se meut dans l'ordre du visible observable (« bleu »-« vert »).

L'Ecriture, en tant que Parole de Dieu, apparaît donc déroutante à l'homme rationnel et positif que nous sommes et que sont déjà les enfants de neuf ans. Ceux-ci développent alors une attitude critique par rapport à la Bible et à ses récits.

Un tel questionnement permanent de l'enfant est peut-être la chance unique qu'il a de pouvoir dépasser l'attitude positiviste. Possibilité de la découverte enthousiasmante d'une autre conception de l'homme et de la vérité, l'un et l'autre rapportés à Dieu par-delà la mort.

Confronté à la Parole, l'enfant positiviste développera donc une interrogation incessante en catéchèse. Il sera indispensable que l'animateur accueille la critique, même négative, même polémique, pour la transformer en attitude constructive sans jamais d'ailleurs que les questions trouvent une réponse définitive. L'adulte devra même solliciter le questionnement, s'il tarde à venir, à partir de ce qui est normalement étrange dans le récit de foi. *Le doute existentiel est ainsi préparé par l'apprentissage d'une attitude d'ouverture permanente forgée par le doute méthodique développé en catéchèse.* Admettre le questionnement critique et des questions sans réponses définitives, n'est-ce pas une façon de témoigner de l'Espérance ? C'est en tout cas la possibilité donnée à une liberté de naître en dehors de la prison de savoirs arrêtés[2].

---

2. Il existe une réflexion très intéressante sur le doute comme lieu d'une Espérance et point de départ d'une liberté dans les œuvres posthumes de Claude

Familiarisés avec les évangiles, les étrangetés nous apparaissent peu. En revanche, celui qui n'a jamais entendu le récit de Jean dressera l'oreille plusieurs fois. Ainsi le jeune :

1 — Peut-être se demandera-t-il d'où vient ce troisième jour ?

2 — Peut-être sera-t-il étonné de l'imprévoyance des mariés qui avaient si peu de vin ?

3 — Il se demandera en tout cas pourquoi Marie se croit chez elle, elle prend la place de la maîtresse de maison !

4 — Il s'étonnera du dialogue entre Jésus et sa mère, peu courtois de la part du fils, et surtout, semble-t-il, dialogue de sourds. Serait-ce une coutume de l'époque ?

5 — L'obéissance des serviteurs est aussi remarquable qu'inattendue !

6 — Etonnement aussi devant l'abondance du vin à la fin du récit : les six jarres font sept ou huit cents litres. Quelle noce !

7 — Bien sûr le miracle est par lui-même étrange.

8 — On ne parle jamais de la mariée et fort peu de l'époux comme s'ils n'avaient aucune importance dans le mariage.

9 — La phrase « Tout le monde sert d'abord le bon vin et quand les gens sont gais le moins bon » ne correspond pas à nos habitudes. Quelles mœurs avaient-ils dans ce temps-là si la phrase est exacte !

Pantillon, rassemblées dans le *Cahier de philosophie de l'éducation*, « Une philosophie de l'éducation, pour quoi faire ? » (L'âge d'homme, Lausanne 1981).

10 — Pourquoi ce signe est-il qualifié de «premier» alors que les autres évangélistes commencent par la guérison d'un démoniaque ? Encore une contradiction !

11 — Seuls les serviteurs semblent avoir remarqué le miracle, et ce sont les disciples qui croient. Et cette foi venue si rapidement semble être contredite dans d'autres passages des évangiles : «Hommes de peu de foi !»

Un œil critique décèle vite les bizarreries. Ainsi l'enfant s'étonne-t-il et nous bombarde-t-il de ses questions embarrassantes.

UNE VÉRITÉ BIEN CONCRÈTE

L'enfant, dès son plus jeune âge, lie vérité et expérience concrète.

«Comment ça se fait que Jésus il peut marcher sur les eaux, moi, je n'y arriverais pas... Comme on ne le voit jamais Jésus, on ne peut pas essayer» (7 ans et demi).

«Je ne comprends pas pourquoi Dieu a obéi aux prières de Jonas, de tout ça, de Joseph, de Gédéon et pourquoi il n'obéit pas à nous, à ce qu'on lui demande de faire» (9 ans).

Jeanne (9 ans) — C'est bizarre que Zacharie soit devenu muet.

Michèle — Oui, y a Marie, quand elle va avoir un enfant, un ange est venu, elle était en train de balayer sa salle à manger... (rires).

Jeanne — A ce compte-là, si un ange apparaît à chaque fois qu'une dame met au monde un bébé, et que toujours le mari est muet. (Rires).

Michèle — C'est drôle ! (hochement de tête).

Le récit évangélique contredit l'expérience courante des enfants, il contredit aussi les connaissances scientifiques apprises :

— Y a pas de ciel, c'est l'air... le ciel n'a pas de fin.
— D'où viennent-ils les anges si le ciel n'a pas de fin ? (8 ans).
— Maintenant ça n'existe plus... Maintenant les étoiles, heu ?... elles restent dans le ciel sans bouger et on ne les voit que le soir.
Stéphane (9 ans) — Moi je sais ; c'est Dieu qui nous a créés.
Gilles — Non ce n'est pas vrai, on est né grâce à des petites cellules.

L'enfant perçoit très tôt la contradiction entre la vérité évangélique et son expérience quotidienne lue à travers un langage positif. Il n'a d'autres solutions alors que de se dire : « Dans ce temps-là avec Jésus... » Pourtant la question demeure et rebondit :

Isabelle (9 ans) — Pourquoi il n'y a plus d'anges et que Dieu vit toujours ? Y a encore heu... y a des doutes.
— Je n'en sais rien, je n'en ai jamais vu.
— Maintenant il n'y a plus d'événements.
— Ce n'est pas possible que maintenant, on ne les voie plus : c'est inventé.
— Non, c'est invisible.
Autre exemple : Eliane (11 ans) — Où est-elle allée l'étoile après être restée sur la crèche ? Elle s'est évaporée comme ça ?
— Elle se décompose : Dieu fait des miracles... Jésus il a fait des miracles quand il était vivant, mais maintenant hein ?

Les bizarreries qui engendrent ces questions sont donc l'occasion d'une recherche et l'enfant fabrique des solutions : « dans ce temps-là », « c'est invisible » ou tout simplement, « ça n'existe pas ». Le rire nerveux accompagnant souvent la recherche est une indication précieuse pour l'animateur de catéchèse.

CM 1 (10 ans) : «Dieu, c'est un esprit (rires).
— Il est là (montrant son cœur).
— Non là (montrant sa tête).
— Eh ben partout!» (rires).

LA SÉCURITÉ IMAGINAIRE

Le rire de l'enfant montre qu'il prend déjà du recul par rapport à la lettre de l'Ecriture, qu'il est capable de porter un jugement personnel et d'avoir un début de lecture critique. Ce n'est pas souvent le cas du jeune enfant :

«Les anges, ils ont une grande robe blanche, puis des ailes, une robe transparente... couleur de paix!
— Très souvent quand on les voit, ils ont des petites heu... une auréole : c'est de la lumière... y a tout le temps de la lumière. Jésus aussi il avait une auréole» (8 ans).

Ce monde imaginaire est vraiment merveilleux : pas de doute ! Toutefois à 8 ans, la réplique peut venir :

«Non, nous si on est habillé en blanc on n'est pas un ange.
— Ils peuvent être habillés comme nous.
— Non, ça n'existe pas des pantalons dans ce temps-là.
— Ben oui, heu... mais si les avions passent ils les verraient bien aussi. »

L'émergence de la vérité positive à partir de la perception imaginaire du monde implique inévitablement du «rouge», des questions. Plus le savoir pratique grandit, plus le questionnement sera fort :

(CM 1, 9 ans) — « Le serpent d'Adam et Eve qui parlait n'existait pas.

— Les animaux pouvaient peut-être parler notre langage.

— N'importe quoi ! »

Autre exemple : (6ᵉ, 11 ans). « Pourquoi, dans l'évangile, Jésus est souvent sur les montagnes. Il n'y a pas beaucoup de montagnes dans son pays.

— Avant je me disais, quand on est sur une montagne, on est plus près de Dieu (rires).

— Elle n'est pas mal celle-là. »

Autre exemple : (10-11 ans). « Avant j'ai cru que Dieu avait pris de la terre, de la glaise... qu'il avait touché Adam et Eve, qu'il était apparu comme ça... pschitt. Enfin ! »

C'est surtout par la réflexion que l'enfant sort du monde imaginaire et jusqu'à contester les images reçues dans le « bleu » :

Animatrice : « Le serpent, c'est le mal ?

— Si, le serpent c'est le mal, parce qu'il avait dit à Adam et Eve de manger le fruit et Dieu il ne voulait pas... Dieu l'avait dit pour les mettre à l'épreuve, donc ce n'était pas le mal, c'était fait exprès ! » (11 ans).

Ces exemples pourraient être multipliés à l'infini. Dès que l'enfant se sent libre de parler en vérité, il ne cache plus sa critique, même si elle doit contredire ses premières synthèses imaginaires.

Ce questionnement est normal. S'il ne s'exprime pas dans la parole, il se manifeste dans les comportements, le chahut par exemple. Une équipe agitée est souvent dans le « rouge » mais ne peut pas le dire. Le questionnement critique fait partie d'un processus d'accès à la vérité de la foi. Après ses premières constructions imaginaires, ses premiers rapprochements d'images, l'enfant, qui a de plus en plus le sens du réel, est obligé de revoir ses anciennes réponses. En grandissant, ses propos deviennent plus pratiques et positifs, sa réflexion intègre des connaissances scientifiques. *Ce passage d'un monde fictif à une perception plus exacte des choses se fait « dans le bleu ».* L'anecdote même plus conforme à la réalité quotidienne, reste anecdote, articulation d'images. Ainsi, par un mouvement imperceptible, *l'enfant pénètre-t-il en profondeur dans la vérité positive qui tend même à devenir sa seconde nature, la norme exclusive de son jugement, son unique rapport au monde* (bleu).

Le « rouge » apparaît donc à la frontière du « bleu » : il marque l'étrange, l'invraisemblable, l'illogique. Il manifeste l'échec d'une synthèse impossible qui veut rassembler dans le même mouvement deux visées hétérogènes de la vie, le « comment ? » et le « pourquoi ? » Il surgit du choc prévisible de deux vérités, celle de l'expérience physique et celle de la confession de foi. Ce n'est pas un hasard, ce peut être une chance comme nous le disions plus haut. Il peut éviter à l'enfant de s'enfermer dans un positivisme — voire un matérialisme — de la vie, il lui permet bien de rompre avec une certaine conception de la vérité. Le questionnement critique laisse entrouvert, tant qu'il est vivace, l'accès au sens.

L'ANIMATEUR FACE AU « ROUGE »

Plusieurs attitudes sont possibles devant le questionnement vital de l'enfant. On peut le refuser[3], on peut ne pas

---

3. Exemple : « Arnaud — Jésus, de toute façon, il savait bien ce qui l'attendait. Il s'est dit, s'il existe : Oh, c'est un mauvais moment à passer. Et puis ses disciples, s'ils avaient vraiment voulu qu'il reste là, normalement, à la fin du chemin de croix, on peut intervenir pour l'innocence. Et ils ne sont pas intervenus !
Animateur — Et alors ?
Arnaud — Ça prouve que, s'il existe, que tout ça c'était vraiment voulu, que les disciples savaient très bien qu'il ne fallait pas qu'ils y aillent.
Animateur — Pourquoi dis-tu cela ?
Arnaud — Parce que Jésus leur avait sûrement dit.
Animateur — Tu n'en sais rien.
Arnaud — Et tous les crucifiés sont marqués sur un livre que Pilate ou les autres envoient à Rome ensuite. Il n'y a aucune trace de ce rapport-là.

l'entendre tout occupé à maintenir les enfants dans le sujet. On peut l'accueillir et répondre en corrigeant les fausses perceptions. On peut enfin le prendre en compte et l'utiliser pour conduire l'enfant vers la reconnaissance d'une vérité autre que positive.

Ce malaise quasi existentiel ne vient pas toujours de fausses perceptions, bien au contraire. Il est la plupart du temps l'expression critique d'une raison vraiment rigoureuse qui repère les bizarreries du langage de la foi. Nous le savons tant que nous expurgeons souvent de notre catéchèse ce qui pourrait induire le questionnement critique. Nous évitons parfois de donner certains récits bibliques ou d'utiliser des images qui, prises à la lettre, engendrent les questions : les anges, le diable. Nous atténuons les récits de miracle en discourant sur le sens du signe : «Les noces de Cana, ça veut dire…» Nous passons sans délai à l'intériorité : «Jésus a guéri le paralysé, aujourd'hui encore il guérit et nous dit : "Lève-toi et marche".» Mais l'enfant de 10 ans pensera peut-être dans sa tête : «Ils avaient de la chance, dans ce temps-là, les paralysés. Maintenant il y a beaucoup d'handicapés.» Dans ce type d'animation, le «rouge» s'exprime difficilement tant l'adulte le devance, et le «noie». C'est un choix, mais il faut savoir que les questions non résolues resurgiront tôt ou tard et la foi y succombera peut-être. L'expérience chrétienne n'est ni l'expérience physique, ni l'éducation morale, et la confession de foi en Jésus Christ nous impose un langage au fonctionnement bien différent des langages positifs. Ce changement de langage, nouveau rapport au monde, nouvelle conception de la vérité, ne

---

Animateur — Si ! Nous avons des traces des historiens et même des historiens juifs de cette époque.

Arnaud — Oui, mais Pilate n'a jamais envoyé de lettre, enfin de rapport à Rome.

Animateur — Qui te dit que Pilate n'a pas envoyé de rapport à Rome ? Connais-tu tous les historiens de cette époque ?

Arnaud — Ah non !

Animateur — Eh bien tu vois ! »

passe-t-il pas nécessairement par la critique personnelle du langage de foi ?

Si l'animateur de catéchèse peut supporter les questions de l'enfant et même aller jusqu'à les provoquer, il observe alors comment le jeune avance, tiraillé entre une approche imaginaire qui lui vient de la petite enfance et une approche positive. En mettant l'enfant dans le « rouge », l'animateur ne fait que le provoquer à réfléchir sur la spécificité d'une troisième approche (appelons-la symbolique pour l'instant) qui n'est pas le « bleu » réel et qui ne doit pas être confondu avec le « bleu » imaginaire.

En effet, percevant les bizarreries du langage de foi, l'enfant est tenté de considérer celui-ci comme imaginaire, c'est-à-dire faux. Il hésite donc, s'il est croyant, à exprimer son malaise tant il s'interroge sur la vérité qui y est exprimée. L'évangile n'est-il pas tout simplement une fable ou un conte de fées ? Et comme son sens du réel se développe de plus en plus par l'action conjuguée de la vie quotidienne et des apprentissages scolaires, l'enfant questionne de plus en plus, dans le mouvement même qu'il est en train d'accomplir pour sortir de sa petite enfance. En mettant l'enfant dans le « rouge », le catéchète l'incite à poser clairement la question : le langage de foi est-il à ranger du côté des contes de fées ou bien dit-il une vérité d'un autre ordre (que nous nommerons « jaune ») ? Faisant ainsi exprimer un soupçon légitime, l'animateur fait deviner au jeune, qu'à côté de l'approche positive du monde, il y a place pour une autre vérité qui appelle un autre fonctionnement du langage. Il lui ouvre ainsi l'espace de la foi qui prend en compte, et le réel positif, et l'imaginaire. (Cf. en début d'ouvrage, le tableau : « La fausse alternative de l'enfant »).

Exemple : Didier (9 ans et demi) : « Matthieu a dit tout à l'heure qu'à côté de Jésus, se promenait une petite lumière. C'est simplement, heu... c'est plutôt que, une âme sainte est dans le ciel, elle a une auréole. C'est la lumière à vrai dire (bleu imaginaire).

Animateur — L'âme sainte se promène dans le ciel avec une auréole qui la fait voir. Elle brille ? (rouge).

Didier — Non, elle est au-dessus de sa tête. Elle est grande, elle est en rond, elle est brillante. C'est pour ça que c'est le saint ; elle est un peu comme la lumière. Elle est toute jaune comme le symbole de Dieu... Je voudrais aussi dire que l'ange c'est surtout un envoyé de Dieu est c'est pour ça qu'il porte une auréole. C'est pour montrer que c'est bien de Dieu et c'est comme s'il portait le drapeau du pays. C'est un signe pour prouver que c'est bien lui l'envoyé de Dieu (bleu).

Animateur — En vrai, les auréoles, ça existe ? (rouge).

Laurent — On ne la sent pas, mais on a une auréole sur la tête, parce qu'on croit vraiment en Dieu et heu... on pense à Lui et on l'aime bien (bleu).

Jacques — Il dit qu'on a une auréole, mais il faut... Il y a que le pouvoir, que les anges comme on dit qui ont une auréole. Il faut déjà être prêtre, avoir un titre (bleu).

Animateur — Toi, tu n'en as pas ? Et as-tu déjà vu des prêtres avec des auréoles ? (rouge).

Jacques — Comme si on disait une demi-auréole parce qu'ils ne peuvent pas avoir le pouvoir exactement. »

L'animateur anime dans le « rouge » cette classe de CM 1. Il prend bien les devants de la critique réaliste en confrontant le langage de foi (âme, ciel, lumière, auréole) à l'expérience positive. Il fait la même opération que les enfants mais en l'exagérant pour rendre la parole invraisemblable. Il pousse ainsi l'enfant, non seulement à abandonner son approche imaginaire, ce qui se fait normalement, mais il va au-delà. L'adulte refuse que l'enfant se relie au langage de foi comme il le fait avec les langages positifs en soulignant le ridicule de cette confusion d'approche. Il pousse l'enfant plus loin que le réalisme religieux vers la compréhension symbolique des mots et des images qui disent la foi. En fait, le « rouge » provoqué par l'animateur, fait prendre conscience de l'impasse dans laquelle se sont engouffrés les enfants formés à l'école positiviste. Ils ne peuvent pas en effet accepter longtemps cette confusion avec le développement rapide de l'intelligence critique.

L'animateur de catéchèse doit-il ainsi introduire une sorte d'insécurité dans la mesure où il semble « casser » le merveilleux sécurisant du langage de foi ? L'objection est sérieuse. Mais l'enfant ne trouve-t-il pas sa sécurité essentiellement dans la relation qu'il a envers l'adulte ? S'il a confiance en son éducateur, celui-ci peut le faire chercher sans risque. C'est comme un jeu. Le jeune sent bien que l'adulte veut le conduire quelque part quand il le pousse à critiquer, plus qu'il ne le fait, son monde imaginaire. N'est-ce pas la relation plus que le savoir qui est la vraie sécurité de l'enfant qui doit de toute façon dépasser sa petite enfance ? Il serait certainement plus dangereux de craindre les questions de l'enfant qui sentirait alors durement notre angoisse malgré nos bonnes explications. Cette question de l'insécurité ne se pose qu'en contexte chrétien ou bienveillant. En milieu athée en effet, il n'y a pas de doute et l'expression critique contre « la religion » fait souvent partie de l'anecdote, du « bleu ». Là, c'est la croyance qui assume la fonction de rupture : l'enfant enfermé dans le rationalisme de son milieu est condamné à des langages logiques liés au réel que la foi vient troubler. On le voit parfois en catéchèse : « Mon papa, il croit pas. Il dit que ce sont des légendes » (8 ans). Envoyé au catéchisme l'enfant s'interroge alors sur sa famille et sur la cohérence de ses éducateurs. Il le dit. Mais ce n'est pas le cas de la majorité des jeunes qui nous sont confiés.

En fait la sécurité est fondamentalement assurée par la communauté qui témoigne que le langage de la foi a du sens. Quand l'enfant voit autour de lui des adultes user de l'Ecriture dans la prière, la liturgie et les sacrements, il se dit en lui-même « ils y croient ». Si ces adultes l'aident à interroger ses certitudes, il se met à chercher. Il le fait seulement s'il sait qu'il ne comprend pas et qu'il y a quelque chose à découvrir, donc s'il éprouve un malaise devant la confession de foi. L'enfant se bat alors avec le langage de l'Eglise. Il se bat parce qu'il a confiance, sinon il le rejetterait.

La foi ne se situe ni dans le langage religieux, ni dans la Bible, ni même dans le manuel de catéchèse, mais bien dans la communauté chrétienne, ce bain vivant dont l'enfant a besoin. Mais celle-ci, en confessant Jésus Christ à partir de l'Ecriture, utilise la Bible de façon bizarre. Une telle utilisation — peu banale — contredit d'autres interprétations, même savantes, qui ne rapporteraient pas la Bible à Jésus Christ. Ainsi la rupture — et par là l'insécurité — semblent inscrites dans ce fait indépassable que le centre de gravité de la foi est l'Eglise confessant son Seigneur, non la culture ambiante.

L'enfant investit d'abord la Bible et la confession de foi dans le «bleu», au niveau d'un savoir (imaginaire ou réel), comme une culture religieuse. Il les saisit en continuité avec ses autres savoirs, c'est-à-dire de travers. Une telle approche normale conduit souvent à l'athéisme si elle n'est pas relayée par une nouvelle compréhension.

La communauté chrétienne — et, en son nom, l'animateur de catéchèse — se doit d'initier le jeune à la Révélation, cet usage chrétien de la Bible. Il ne le peut qu'en maintenant un juste équilibre entre la sécurité de la prière communautaire et l'insécurité du questionnement, moteur de la recherche.

L'animation dans le «rouge», source d'une certaine insécurité, introduit une différence importante entre la pédagogie profane expérimentale, explicative et démonstrative et la pédagogie catéchétique. Cette mise en question (en recherche) n'est pas seulement méthode mais, comme nous l'avons souligné au début de ce chapitre, le lot de la foi qui n'est pas savoir achevé, «claire vision». L'animateur de catéchèse devra donc faire saisir à l'enfant que la confession de foi n'est ni une preuve, ni un « opium du peuple », ni une sécurité. Elle ne nous évite pas de vivre notre condition mortelle, mais nous invite au contraire à la risquer dans l'amour, dans la foi et dans la charité du Christ.

SÉCURITÉ AMBIGUË

La sécurité apportée par la communauté chrétienne semble pourtant insuffisante. L'enfant en effet recherche toujours un support solide à sa réflexion. Nous citions plus haut le cas de Didier (11 ans) qui affirme ne pas croire à la résurrection de Lazare. Après avoir vu le film « Jésus de Nazareth », il déclare à sa catéchète :

« Maintenant j'y crois à la résurrection de Lazare.
— Et pourquoi lui demande l'adulte intriguée ?
— Je l'ai vue à la télé. »

La photographie joue comme une preuve positive. Pourtant l'enfant de onze ans connaît le trucage photographique ! Rien n'y fait : l'impact de l'image reste puissant :

« Je l'ai vue à la télé, c'est vrai, j'y crois. » (Cf. p. 15).

Nous sommes abasourdis devant tant de naïveté qui, soyons-en sûrs, ne durera pas. Mais celle-ci existe et a même joué ici un rôle bénéfique : Didier s'est remis au travail dans son équipe de catéchèse alors qu'avant, n'y croyant plus, il se mettait en dehors et chahutait. L'animateur de catéchèse aurait tort de profiter de cette accalmie pour donner à Didier un peu plus de savoir, un peu plus de « bleu ». Sachant le temps compté, il doit au contraire animer dans le « rouge » pour que le récit prenne sens et que le savoir fasse place à la foi. Sinon les évangiles n'étant qu'un passé plus ou moins vraisemblable, engendrent l'indifférence. Didier est passé de la conscience de l'invraisemblable (« j'y crois pas ») à celle du vraisemblable (« je l'ai vue »), mais ce changement de savoir n'est pas un progrès : d'un côté comme de l'autre, la recherche est éteinte. A l'animateur de catéchèse donc de la réveiller en réintroduisant l'esprit critique et ses questions !

La force de l'image vue demeure parfois longtemps, peut-être toujours. Denis a quatorze ans et il *démontre* à ses camarades sceptiques que le miracle de Lourdes est « vrai ». L'apparition de la Vierge n'est pas en cause ici mais bien *le fait que l'adolescent s'appuie pour la prouver sur les images du film* « Bernadette Soubirous » : « Tu crois que c'est un rêve, dit Denis, si ç'avait été un rêve, ça ne serait pas allé aussi loin : Bernadette n'aurait pas creusé la terre, elle ne se serait pas passé de la terre sur la figure. C'est la sainte Vierge qui lui avait dit « creuse derrière, prends de l'eau ». Alors elle a creusé la terre et puis, deux minutes après, il y avait un aveugle, il a pris de l'eau, il s'en est passé sur les yeux et il voyait. Si c'était une coïncidence, ça aurait été invraisemblable. » La coïncidence des images du récit sert de preuve. Là encore, le passage du savoir à la foi reste à faire. Que Denis approfondisse « Lourdes-pour-lui » ! Mais ce passage suppose que l'adolescent n'appréhende plus l'événement comme une certitude positive, qu'il desserre en quelque sorte son emprise sur l'image afin de l'investir d'un sens existentiel. Ce dessaisissement de l'image, cette prise de recul correspond à ce que nous nommons le « rouge ».

Autre exemple : cette classe de CM 1 (9-10 ans), exprime un malaise assez général. La plupart des enfants disent qu'ils ne croient ni à Dieu, ni à Jésus.

« On ne les voit pas.
— Si, répondent certains, Jésus on l'a vu dans le temps. — Ce sont des légendes, Jésus n'a jamais existé... — Et Napoléon, l'as-tu vu toi ? Pourtant t'y crois ! »

95

Et Jean-François d'objecter : «Si Dieu n'existait pas, Jeanne d'Arc n'aurait pas entendu des voix. D'où venaient ses voix ? Eh ben de Dieu ! »

Pas de vision, pas de photographie, pas de représentation visible, la vérité est donc contestable. Dieu et Jésus sont d'ailleurs mis sur le même plan : même le passé est contesté. Cette confusion entre la foi («je crois en») et le savoir («je crois à») est bien conforme à ce que nous disons, l'enfant ne liant le langage qu'au monde concret. L'institutrice piquée au vif fait immédiatement un cours d'histoire abondamment documenté sur l'homme-Jésus. Cette intervention a suffi pour freiner momentanément la crise. Elle est pourtant entachée de deux limites :

1 — L'institutrice maintient la confusion entre foi et savoir. La sécurité momentanée qu'elle apporte est ambiguë et le problème reste entier.

2 — Elle ferme peut-être définitivement une porte qui s'ouvrait. Devant ce savoir asséné à chaud, les enfants ne reviendront pas avec leurs questions, ils se tairont désormais devant elle. Ils sentent que la maîtresse ne peut pas les entendre. L'institutrice a pourtant eu raison de donner une information sur la Palestine du premier siècle ; mais elle a eu tort de se précipiter. Elle aurait dû attendre huit ou quinze jours afin de respecter la recherche des enfants. A froid, ils auraient pu intégrer l'information à leurs questions et ainsi recevoir un savoir qui n'aurait pas nié leur difficulté de croire.

L'enfant a besoin d'un tel savoir pour penser et pour croire, mais ce support est ambigu. Devant le «rouge», l'animateur de catéchèse a tendance à multiplier les informations et les explications. Pourtant un tel renvoi au «bleu» gêne à la longue l'accès à la foi puisqu'il maintient l'enfant dans l'extériorité propre à tout savoir positif[4].

---

4. Dans *Apprendre à direDieu*, nous avions déjà mis en garde contre le danger de confondre catéchèse et savoir religieux (appelé souvent culture religieuse)

Nous avions vu, au chapitre précédent, comment l'information dans le « vert » consistait à truffer le récit de détails concrets permettant aux enfants de rapprocher l'histoire d'autres passages bibliques déjà connus, voire de liturgies. De même, l'information dans le « rouge » consiste à mettre en évidence certaines bizarreries du langage de la foi. L'adulte raconte le récit biblique en soulignant les aspérités, occasions de questions et de réflexions. Il insiste, par exemple, sur l'étrangeté du dialogue entre Jésus et sa mère dans les Noces de Cana. Il s'interroge sur le comportement anormal de l'étoile des Mages... *Ainsi, au lieu de livrer un récit clair et sans difficultés, il souligne les bizarreries du langage de la foi.* S'il ne le faisait pas, l'enfant peut-être ne les verrait pas, ou pis, n'en parlerait pas.

Ne croyons pas que ces perches tendues provoquent une panique. Elles ne seront peut-être même pas reprises si les enfants sont trop jeunes. Ainsi cette classe de CE 1 (7 ans) à qui on venait de raconter la Pêche miraculeuse. L'adulte prend conscience que les enfants ne perçoivent aucun miracle dans l'histoire. Alors il insiste sur l'étrangeté du

---

(p. 171-173). C'est particulièrement vrai à l'adolescence quand la catéchèse devient difficile. Le savoir religieux peut en effet être le berceau de l'athéisme puisqu'il ne développe qu'un rapport positif au texte. C'est tout aussi vrai de l'exégèse positive qui peut se présenter, vulgarisée, comme un nouveau savoir passé au crible de la critique, un « bon » savoir. En employant le mot « langage » au lieu de « savoir », nous laissions ouverte la possibilité d'un autre investissement des textes de l'Eglise. (Cf. aussi *Ouvrir la parole,* p. 15.) Toutefois, le savoir-langage n'est pas inutile ; il est même le fondement de toute réflexion et de toute parole sur la vie, c'est-à-dire de toute vie vraiment humaine. Le « savoir » ne devient-il pas vie dans la foi ? Il y a sans doute des âges où on acquiert mieux que d'autres le langage de foi, l'enfance plus que l'adolescence, même si les acquisitions langagières de l'enfance se font formellement, comme une potentialité de vie.

récit. Rien n'y fait : les enfants continuent de penser que tout est normal car les poissons dorment la nuit comme eux, et que le filet ne peut les atteindre puisqu'ils sont couchés au fond de l'eau. En revanche, quand le jour venu ils viennent manger à la surface pour leur petit déjeuner, le coup de filet peut être spectaculaire. Logique enfantine ! L'animateur a beau donner toutes sortes d'informations sur les mœurs des poissons, il n'y a rien à faire.

Chaque enfant saisit le récit au niveau de sa réflexion. Certains perçoivent les bizarreries et se mettent à en parler, d'autres continuent, à l'intérieur de leur monde imaginaire, à collectionner et à rapprocher des images. Certes, quand un enfant commence à poser des questions sur la vraisemblance les autres y viennent assez vite, mais pas immédiatement. *Informer dans le « rouge » c'est donc donner aux enfants qui le peuvent, la possibilité de dépasser la compréhension anecdotique du récit* qui, du coup, peut avoir un avenir de confession de foi [5].

C'est en général vers 9 ans qu'une telle animation devient nécessaire, quand des enfants plus réfléchis que les autres, commencent à dire leurs difficultés « d'y croire ».

CRÉATION DANS LE « ROUGE » ?

Alors que l'enfant, au cours d'une séance de création dans le « vert » pouvait rapprocher plusieurs récits bibliques ayant une ressemblance, il est difficile d'envisager une création dans le « rouge ». La raison en est simple : le travail concret de manipulation a pour but de familiariser l'enfant avec l'image, de lui apprendre en quelque sorte

---

5. Nous conservons le même cap, l'accès à la confession de foi chrétienne (*Texte de référence*, p. 27, 29... 53). Un tel accès suppose à la fois la connaissance du document (« bleu ») et la découverte d'un nouveau rapport à la « lettre ». Le « rouge » permet cette mutation.

le savoir nécessaire à sa réflexion et à sa vie. Quand il dessine par exemple, il pense représenter exactement la réalité du passé. Il reproduit du « vrai ». Au cas où il aurait un doute, il ne pourrait pas créer parce qu'il n'aurait plus confiance dans le récit. Parfois d'ailleurs, avant de commencer une réalisation, il demande à l'adulte si l'histoire est vraie.

Ceci se comprend tout à fait. Entre 7 et 10 ans, l'enfant de nos sociétés techniques s'éveille d'abord et avant tout à la réalité concrète. Comme nous le disions plus haut, il manifeste de plus en plus une exigence par rapport à la « vérité » des informations religieuses. Ne sommes-nous pas une religion enracinée dans « l'histoire » ? Il attend donc que l'adulte confirme ce qu'il pressent : l'histoire de Jésus est vraie, elle n'est pas un conte de fées. Et on ne peut pas dire qu'elle soit fausse. Rassuré sur ce point, l'enfant peut fabriquer en toute confiance, c'est-à-dire reproduire.

Certes, installer la religion à l'intérieur de la vérité positive, est incontestablement lui préparer son tombeau. Ce que l'enfant ne peut pas savoir. Il faudra donc passer au « rouge » pour dépasser le rapport positif au monde, pour que les récits et les images évoquent plus qu'eux-mêmes. Le poète est capable de fabriquer une œuvre non représentative mais qui peut paraître bizarre à celui qui n'a aucun recul par rapport à son langage. C'est le cas de l'enfant qui doit d'abord apprendre les images comme des descriptions avant de pouvoir les employer comme des poèmes qui disent Dieu.

ANIMATION DU « ROUGE » : QUELQUES TECHNIQUES

C'est dans le temps de parole libre, dans le dialogue avec les autres que l'enfant prend conscience des bizarreries, des illogismes, des aspérités du récit. En parlant, il se heurte soudain à une impossibilité, il bafouille et essaie de se reprendre mais parfois en vain. Il fait l'expérience de la limite de la logique.

Ainsi Stéphanie (9 ans) : « Les anges, ça existe dans le ciel. Et puis ils sont devant les gens, ils heu... ils sont hop... heu... mais... »

Et notre fille de prendre conscience que son schéma imaginaire fonctionne mal. En cours de phrase, elle vient de penser à un obstacle à son raisonnement : le « rouge » naît.

Plusieurs techniques existent pour aider l'équipe d'enfants à exprimer ses questions :

1 — D'abord accueillir le « rouge » comme quelque chose de tout à fait normal :

« Paul (9 ans) — Jonas, on ne sait pas s'il a prié dans le grand poisson. On n'a pas été voir avec des caméras et filmer.
Animatrice — Oui, bien sûr. Alors pourquoi le dit-on ? »

Des phrases ont cette fonction d'accueil : « En effet, c'est bizarre. »

(CM 1, 9 ans) : « Je n'ai jamais vu de mer qui s'ouvre.
Animatrice — Moi, non plus, c'est étrange en effet. »
Ou encore : « Lina (10 ans) — Ce n'est pas possible, Dieu n'a pas pu créer le monde en sept jours, il a fallu des millions et des millions d'années.
Animateur — Tu as raison, c'est bien. Pourtant on le dit dans la Bible. »

L'adulte valorise la question dubitative et incite même l'enfant à poursuivre sa réflexion. Le questionnement n'est plus un tabou, il devient véritablement le moteur d'une recherche.

2 — Ne jamais se presser de répondre mais prendre le temps de comprendre la question de l'enfant, de s'en imprégner en profondeur. Dire :

« C'est intéressant, mais je ne comprends pas bien » ou « explique mieux ce que tu veux dire ».

Le jeune tente alors de reformuler une pensée encore confuse et il saisit parfois de lui-même l'incohérence de son propos.

José (11 ans) — Jésus monte sur la montage pour être plus près de son père.

Animateur — Ah ? Explique-nous cela, je crois ton idée bonne.

José — Heu... non parce que Dieu il est partout.

3 — On peut aussi forcer le réalisme de l'explication enfantine jusqu'à le rendre invraisemblable[6].

Georges (9 ans) — Les bergers ont vu l'étoile ; elle a dit "un sauveur est né" et l'étoile a fait comme ça (geste des deux mains en forme de pointe). C'est pour dire que Dieu, heu Jésus est né ici.

Animateur — L'étoile avait une pointe vers le bas comme une pancarte ?

Georges — Oui, exprès pour dire que Dieu est né ici, que c'est là.

Animateur — Elle clignotait ? (rouge).

Georges (sur sa lancée) — Voilà ! (Rire des autres).

---

6. Cf. l'exemple cité dans *Apprendre à dire Dieu*, p. 109-110.

Autre exemple : Isabelle (9 ans) — Zacharie, il a entendu une voix.

Animateur — Elle parlait vraiment cette voix ? (rouge).

— Oui, heu. Non heu. Elle parlait intérieurement. Toujours !

Animateur — Cette voix est-elle grave ou aiguë ? (rouge).

— On ne l'entendait pas ?... heu.

En jouant ce jeu, l'animateur montre bien à l'enfant que la vérité positive qu'il recherche mène à une impasse et il lui fait sentir que la confession de foi se situe à un autre niveau.

4 — On peut aussi, pour casser le carcan de l'image, **faire référence à l'expérience personnelle de l'enfant.**

Ainsi en CM 1 (9 ans)

— Les mages ont vu l'étoile intérieurement, affirme Christophe.

Animateur — Et toi, l'as-tu vue ! (rouge).

Christophe — Je ne sais pas..., heu... quand je fais une bêtise et puis que je dois le dire... après, quand le coup est passé, ben je l'ai vue.

Animateur — Je ne comprends pas bien.

Mélanie — Quand j'étais dans le noir une fois dans ma chambre et que je faisais des bêtises, je ne voyais rien. Enfin, j'étais dans le noir, c'est tout !

C'est tout et c'est évident : on ne voit rien dans le noir. Mélanie se situe dans le « vert » ; elle rapproche son expérience de ce qu'elle croit entendre dire par Christophe (noir = bêtises). Tandis qu'elle se contente de relater une anecdote : elle a fait une bêtise la nuit. Christophe tente, lui en revanche, d'utiliser un langage (non descriptif) pour exprimer l'état d'âme qu'il a eu après avoir échappé à un aveu. L'étoile symboliserait son « ouf ! ».

Autre exemple : CM 1 (9 ans) — A la première communion, quand on a une aube blanche, ça veut dire que quelquefois on a des taches. Ça veut dire qu'on a fait un péché, et quand on est tout marron, ça veut dire qu'on a fait plein de péchés.

Animatrice — Quand tu fais des péchés ton aube devient marron ? (rouge).

— Mais non, c'est comme si ! Et puis quand on est blanc tous nos péchés s'en vont ; Dieu nous pardonne.

Animatrice — Que veux-tu dire ?

— Mais non... heu...

L'enfant sent un rapport (vert) entre la couleur de l'habit et son état intérieur : c'est *comme si.* Il n'arrive pas encore à produire véritablement du sens, mais il est en marche. L'éducateur l'aide en faisant du « rouge », à éclaircir la brume. En introduisant une pointe de « réel », il brise en effet le cocon imaginaire.

Parfois, une telle intervention nous permet de mieux saisir les limites de la compréhension de l'enfant. Ainsi en CM 1 (9 ans) :

— L'étoile, c'est la lumière de Dieu parce que c'est aussi son symbole... *comme* la lumière et le feu. (vert)

Animateur — As-tu un symbole toi ?

— Ben oui, c'est Matthieu, c'est mon saint.

Animateur — Ton saint ? C'est ton saint ? Aaah oui ! Je vois : saint Matthieu.

5 — Une autre façon de remettre l'enfant les pieds sur terre est de **lui demander d'où il tient son information.** Parfois il ne s'en souvient plus et pense qu'il « sait » de toujours. Parfois aussi il peut dire : « C'est ma grand-mère qui me l'a dit. » Il est alors obligé de reprendre une explication qu'il avait déjà transformée à sa façon.

6 — L'imaginaire (bleu) est dépassé également **par la mise en évidence des illogismes.** L'enfant peut les

percevoir de lui-même, on peut aussi **les lui faire remarquer**.

Exemple : 6ᵉ (11 ans) — Oui, les deux évangélistes ont raconté la même histoire ; pourquoi ne disent-ils pas la même chose ?

Autre exemple CM 2 (10 ans) Animateur — Jésus est-il vraiment un roi ? Avait-il une couronne ?

— Oui, une couronne d'épines.

Animateur — Drôle de couronne pour un roi !

— Si ! C'était le roi des Juifs.

Animateur — Pourtant les Juifs l'ont crucifié ?

— C'est le roi des chrétiens, c'est le roi de tout le monde !

Animateur — Le roi des Français ? Je croyais qu'on avait un président ?

— Ah oui, mais...

L'illogisme de la couronne d'épines n'avait pas frappé ces enfants : Jésus est roi, il avait une couronne d'épines, etc. tout cela risque d'être si familier (bleu) qu'on s'y habitue sans difficulté et sans qu'un sens puisse en jaillir. Ainsi en est-il parfois de l'Evangile !

Autre exemple en CM 1 (9 ans) : Animateur — On dit que Jésus est le bon Berger, mais on dit aussi qu'il est l'Agneau de Dieu.

— Oh oui, il est les deux.

Animateur — Comment peut-on être à la fois un berger et un agneau ? (rouge)

— Jésus, il est berger pour les hommes, il est l'agneau pour Dieu.

L'illogisme, mis en évidence, fait avancer la réflexion.

Parfois l'intervention de l'adulte n'est pas saisie parce que l'enfant ne résonne pas au langage de la même façon que nous.

Exemple en CE 2 (9 ans) — Quand Jésus est mort, il a crié et, devant lui, il y avait un temple où personne n'avait le droit d'aller. Et puis ça a déchiré le rideau du temple. Et puis c'est en quelque sorte pour se venger de la mort de Jésus. (bleu)

Animatrice — Jésus est vengeur ? (rouge)

— Oui, en quelque sorte, pour faire voir aux hommes. (bleu)

7 — La contradiction peut aussi permettre à l'enfant de faire des distinctions qui le feront sortir du couple positiviste « un mot-un sens ».

CM 1 (9 ans) — Marie, elle a vu une lumière : c'était l'ange Gabriel. (bleu)

Animateur — Une lumière visible ou invisible ? (rouge)

— Dieu lui a envoyé dans son cœur une sorte de lumière, mais pas une lumière,... si une lumière,... heu...

— En disant lumière heu... comment ? C'est pas une lumière heu... comment ? François a dit qu'il n'y avait pas de lumière ; Didier a dit c'est invisible. Moi je suis avec les deux parce que c'est une lumière qui se voit... heu, mais on ne la voit pas quand même enfin... qui ne se voit pas, mais qu'on voit quand même, c'est intérieurement.

Animateur — Une lumière invisible alors ? (rouge)

L'enfant est encore très réaliste : il confond le fait et le langage (si on peut dire), la réalité et l'expression. Les deux sont comme « collés » dans l'univers mental anecdotique. En se battant avec les mots, en prenant conscience des contradictions, l'enfant découvre peu à peu, une autre façon d'envisager la vérité et la vie. « Lumière invisible » alors ne sera plus pris à la lettre, mais selon une autre acception, dans le sens figuré. Mais l'enfant n'en est pas encore là. L'animateur peut introduire une telle distinction avec la plupart des expressions de la confession de foi : ciel, noir, cœur, diable, ange, désert, montagne, eau, serpent, etc.

8 — La plus grande difficulté restera toujours pour nous, animateurs de catéchèse, **de ne pas nous presser de communiquer du sens, mais d'aider l'enfant à opérer lui-même sa reconstruction**. C'est en effet parce qu'il est dans le « rouge », accompagné par nous, qu'il fera lui-même l'effort de la recherche. Le « rouge » ne doit donc pas être un moment trop vite dépassé même s'il est inconfortable, parce que seul il peut conduire au sens de la confession de foi. Des explications remettraient l'enfant dans le « bleu », dans le savoir, dans la vérité positive. *Plus on explique, moins l'enfant comprend ce que peut être la connaissance de Dieu.*

COMMENT LE « ROUGE » PEUT ÊTRE PRIÉ

Qu'entendons-nous par cette expression : « Prier dans le "rouge" » ? Ces filles de CM 2 affirment ne plus croire en rien parce que, disent-elles, on leur a fait jadis croire au Père Noël : *« Dieu, Jésus, les anges, tout ça pourquoi ce ne serait pas comme le Père Noël ? »* En fait, ces enfants ne pensent pas vraiment ce qu'elles disent, mais elles se posent toutefois sérieusement la question. Dans une célébration, elles ont pu fabriquer une prière qui reprenait leur interrogation : *« Seigneur, aide-nous à croire, aide-nous à comprendre que tu peux exister. Envoie-nous ta lumière. »*

De même ces élèves de classe de Sixième (11 ans) se demandent si Jésus nous a vraiment sauvés du Mal. Ils enrichissent leur argumentation de tous les malheurs de l'actualité télévisée. L'un d'entre eux, conciliant, dit même : *« Si ça se trouve, il nous a sauvés de la moitié du mal. »* Un autre affirme plus sérieusement que Dieu n'est pas bon : *« Mon petit frère est mort il y a quinze jours. »* Pour ceux qui ont bien voulu venir à une célébration, la prière a été une interrogation, une demande de sens. Des enfants ont alors perçu que prier avait un rapport vital avec leurs questions.

Nos célébrations du pardon, même en milieu déchristianisés sont souvent trop centrées sur la faute individuelle. On demande aux participants de faire un examen de conscience en réponse à la Parole de Dieu. Mais beaucoup de jeunes n'en sont pas encore là, certains même ne se sentent pas du tout pécheurs, voyant plutôt les torts chez les autres. Toutefois ils se posent des questions générales, sur le mal, la mort, l'injustice... et par là, sur l'amour de Dieu. Ils «marchent dans les ténèbres» mais la dimension morale n'est pas encore leur préoccupation première. C'est sans doute regrettable, mais c'est ainsi. Prier dans le «rouge», c'est aussi interroger Dieu sur Dieu. Pensons à Job !

Quand la prière devient question, c'est que l'homme commence à se tourner vers Dieu pour chercher du sens à sa vie. Une telle démarche n'est pas spontanée. L'animateur de catéchèse tentera donc, dès que le «rouge» s'exprime, de le transformer en prière. Son témoignage d'adulte pourra alors avoir un écho s'il n'est pas l'expression écrasante d'un savoir sûr de lui, mais l'humble réponse vacillante du croyant qui partage un même inconfort avec les hommes ses frères jusqu'à la mort.

Exemple : «Seigneur, je ne comprends pas comment on peut ressusciter quand on est mort. Aide-nous à comprendre puisque tu l'as dit et tu l'as fait. Seigneur, sois notre lumière !» (CM 2, 10 ans).

LANGAGE DE LA CROIX

Comme nous le disions au début de ce chapitre (le doute méthodique), nous avons mêlé ici deux sortes de «doute» :

1 — L'affrontement critique de l'enfant devant un lan-

gage inhabituel, étrange, illogique et même apparemment irréel : la confession de foi chrétienne. Par sa critique accompagnée par l'animateur, l'enfant s'affronte au « fonctionnement » (symbolique) du langage qui dit la Révélation de Dieu en Jésus Christ.

2 — Le doute existentiel, c'est-à-dire la question de Dieu surgissant au creux de notre vie : « Comment Dieu, lui qui est bon, peut-il permettre la mort, l'injustice, la souffrance... ? »

Le doute méthodique est déclenché par l'animateur, quand il est censuré par l'enfant, afin de permettre à celui-ci de s'approprier le langage de l'Eglise au niveau existentiel, *prenant en compte la mort et le péché*, deux composantes essentielles de notre condition humaine. (Cf. *Catéchèse biblique symbolique. Séquences*, partie théorique.) La mort et le péché, deux réalités négatives mises en lumière par la Croix et la Résurrection.

Le langage de foi ne limite pas en effet la vie humaine à la période précédant notre mort. Il conçoit l'homme appelé à ressusciter. La vie de ce monde n'est donc pas séparable, en catéchèse, de la vie éternelle affirmée dans le Credo et qui, dans la foi, lui donne son épaisseur de sens.

Cette épaisseur ne peut surgir à la conscience du croyant que s'il intègre à sa vie l'expérience de la mort, et de toutes les « morts » qui l'anticipent. La Résurrection prend sens de cet horizon-là. Le couple « mort-Résurrection » est sans doute le ressort essentiel du langage de foi dans lequel nous comprenons notre vie. Sans l'expérience vitale de la « mort » — expérience de la limite — le langage de foi perd sa raison d'être et retombe au niveau des langages positifs et expérimentaux. Une conception réductrice de la vie humaine ne peut que rendre insignifiant l'énoncé de foi. Le questionnement déclenché en catéchèse incite l'enfant à élargir son expérience quotidienne — sa vie — à l'ensemble de sa condition mortelle de ressuscité potentiel. La bizarrerie du langage de foi demeure tant que cette intégration de la mort et de la Résurrection à la vie n'est pas faite, tant que le « suis-moi » du Seigneur n'est pas vraiment vécu et intériorisé.

Ainsi, dans son fonctionnement même, la confession de foi ouvre le croyant à une vérité d'être enracinée dans le mystère pascal de Jésus. En suivant le Seigneur toujours plus, nous comprenons le « rouge » toujours mieux. La confession de foi nous désigne le lieu véritable où nous pouvons trouver notre identité d'homme, c'est-à-dire le sens de notre vie. Ce n'est qu'en Christ — nous le croyons — que nous pouvons résoudre cet illogisme fondamental de l'existence humaine : Dieu est amour — nous sommes mortels. Dans la mort et la Résurrection du Seigneur, l'Eglise opère un déplacement fantastique de la vérité, à tel point que le langage de la Croix (1 Co. 1, 18 sq) devient celui de la foi. Mais il ne peut être saisi de l'extérieur — dans le « bleu » — que comme folie ou scandale.

Telle semble être la difficulté insurmontable à laquelle se heurte l'animateur de catéchèse. En faisant vivre le « rouge » à l'enfant, il lui permet de faire l'expérience d'un langage autre que positif ; il introduit une rupture dans son savoir, dans sa logique, dans son rapport aux mots et aux images verbales. Cette première rupture en prépare une seconde qui surgit à l'adolescence au moment où des choix de vie se font[7]. Le « rouge » de l'enfant reste formel en attente de la parole sur la liberté et l'autonomie qui caractérise le jeune après douze ans. Malgré les limites de ce « rouge »-là, l'apprentissage de la critique du langage de foi est aussi important que les deux précédents, le « bleu » et le « vert ». Le « rouge » est certainement l'originalité de la pédagogie catéchétique par rapport aux autres pédagogies puisque le fonctionnement des savoirs expéri-

---

7. Cf. *Ouvrir la parole*, p. 152-155.

mentaux (des langages positifs) ne peut pas être transplanté impunément dans le domaine particulier de la confession de foi, ceux-ci ne sont investis que dans le « bleu » et dans le « vert ». L'évangéliste Marc reprenant un texte d'Isaïe (Is 6, 9-10), nous le rappelle à sa façon : « A ceux-là qui sont dehors, tout arrive en paraboles afin qu'ils aient beau voir et n'aperçoivent pas, qu'ils aient beau entendre et ne comprennent pas, de peur qu'ils ne se convertissent et qu'il ne leur soit pardonné (Mc 4, 11-12). Bizarre, ne trouvez-vous pas ?

Chapitre IV
Symboliser

(Animer vers le « jaune »)

UN CHOIX FONDAMENTAL DE VIE

L'étape précédente, que nous avons codée en « rouge », est celle des interrogations liées à une vérité qui vacille parce qu'elle n'est pas maîtrisable. Elle permet d'entrer dans une recherche et, par là, de faire nôtre le langage de la foi. Cassant l'extériorité propre aux langages descriptifs et expérimentaux, cette étape ouvre l'intériorisation du sens. Elle se produit quand la personne s'engage dans une lutte avec des images, des récits, des mots — ceux de Dieu — qui la heurtent et qu'elle ne peut pas saisir. Ce combat de Jacob avec l'ange n'est pas confortable et nous aspirons tous à la paix. Mais l'issue n'est pas simple. Deux pistes sont possibles : retourner dans l'anecdote (bleu) c'est-à-dire abandonner la recherche, ou au contraire accepter le risque du « jaune » ce sens, qui a surgi au détour de la pensée.

Retourner dans le « bleu » (imaginaire ou réel, cf. p. 90) revient à opter exclusivement pour une conception positive de la vérité. N'est jugé vrai que le représentable, le mesurable, le tangible, le visible ou pouvant l'être en toute vraisemblance. La bizarrerie est refusée au nom de la raison. Dieu alors — surtout s'il est homme — n'a plus de place pour nous, ce qui est Dieu au-delà de nos limites humaines en Jésus est banni de la vérité. Les récits de miracles, mais aussi la Résurrection et son corollaire la conception virginale, sont rejetés. Jésus est réduit à l'homme. D'ailleurs, quand l'animateur de catéchèse s'entend dire : « Dieu c'est ma conscience » et qu'il répond à l'enfant : « Oui, il parle en toi », fait-il autre chose ? Cette assimilation de Dieu à la conscience morale « dans les limites de la simple raison » ne rejoint-elle pas la réduction que nous dénonçons ? Dieu en effet n'existe plus, rayé de la vérité et remplacé par la morale d'une classe ou d'une société. Réduit à lui-même, l'homme ne se prive-t-il pas d'un don inouï, celui de se dépasser pour atteindre sa divinisation en Christ, trésor millénaire de notre foi ?

Opter pour Jésus Christ, sens de notre vie (jaune), c'est se décider pour une vérité non représentable. « Comme s'il voyait l'invisible », disait saint Paul. Ce choix engage un langage qui ne décrive pas l'exactitude des faits, mais qui en évoque du sens, un langage qui ne dise pas la vie comme une photographie mais comme le risque de l'amour. Le langage de la foi est plus de justice que de justesse. Il dit une réalité, une passion de vivre, que les langages scientifiques ne prennent pas en compte. *Le langage de la foi est symbolique car il n'est pas descriptif, il vise Dieu à travers l'homme, il expose sans imposer, il révèle autant qu'il cache.* La parabole en est un bon exemple. Etre dans le « jaune » c'est savoir utiliser et comprendre cette sorte de langue, cet usage-là des mots, des images et des récits. Si l'homme moderne ne réapprend pas à lire — à dire —ainsi le monde et lui-même, peut-il mettre Dieu dans sa vie ? Le rapport de la foi à la vie, ce problème si central en catéchèse, n'est autre, semble-t-il, que ce passage du rouge au jaune. Toujours à refaire car sans cesse défait par la vie et la mort, il n'est jamais définitif. Nous ne sommes pas propriétaires de la foi. Telle est l'expérience judéo-chrétienne : réentendre la même Parole de Dieu et, de nouveau, la refaire nôtre malgré nos limites et nos pesanteurs, malgré l'incertitude. Le « jaune » est bien le véritable lieu où fusionnent foi et vie, le temps d'un instant. Cet éclair, cette « intelligence de la foi », ne va pas de soi, pas plus que l'amour de Dieu que le croyant confesse. Un tel rapport au monde — ne l'oublions jamais en pédagogie — n'est pas de l'ordre du savoir (bleu), mais bien de la foi (jaune).

Le choix d'un langage symbolique nous est donc imposé par l'objet même de notre foi : Jésus Christ. Il permet à l'être humain qui le parle d'accéder toujours plus, toujours mieux, à une vérité de vie : le mystère pascal, qu'il aurait toujours ignoré s'il était resté dans le « bleu ». Une relation au monde, neuve et toujours à rénover, surgit à la conscience et à la mémoire de celui qui cherche à comprendre les signes du temps en référence au Christ. Mais ce décryptage n'est possible que par l'usage symbolique des mots, des images et des récits de la confession de foi chrétienne, cette parole prophétique[1]. Seule cette pratique — cette intelligence particulière qui peut heurter la logique positive — nous rend capables de saisir du sens à travers des faits, Dieu à travers l'homme. Les évangiles sont exemplaires de cette lecture : on peut en effet les lire dans le « bleu » comme une vie de Jésus et on passe alors à côté de la confession de foi, on les rejette même à cause des bizarreries. On peut aussi entrer dans la Révélation de Celui qu'ils cachent tout en le montrant et appliquer à notre vie ce même rapport aux images, que nous avons désigné du nom de symbolique.

---

1. La parole prophétique est définie dans *Ouvrir la parole,* p. 45-46.

Chacun des chapitres précédents a abordé le récit de saint Jean selon l'opération que nous décrivions. Il reste à montrer comment ces trois étapes antérieures convergent vers le « jaune » c'est-à-dire la confession de foi que le récit symbolise. Nous partirons du « rouge » c'est-à-dire des bizarreries relevées (p. 83), nous tenterons d'en trouver la raison en nous aidant du « vert », des rapprochements (p. 52).

Le récit débute par la mention du « troisième jour » dont nous avions repéré l'étrangeté. Cette expression a été rapprochée de plusieurs récits bibliques liés à l'annonce de la Résurrection. Saint Jean ne veut-il pas nous donner une clé de compréhension, suggérant déjà ce qu'il veut faire saisir à travers ce récit de miracle ?

La Résurrection, le plus grand miracle de Jésus si l'on peut dire, est le point de départ de la foi des disciples. N'est-elle pas aussi évoquée par la dernière phrase du récit : « Tel fut le *premier* des signes de Jésus. Il l'accomplit à Cana de Galilée. Il manifesta sa *gloire* et ses disciples crurent en lui. » Il faudrait alors comprendre le mot « premier » dans le sens de « plus grand ». La mention de la « gloire », que nous avons rapprochée de plusieurs manifestations de Dieu, est toujours, chez Jean, une allusion à la Résurrection. Notre hypothèse semble confirmée.

Le récit décrit une noce. Nous avons souligné le peu d'intérêt que Jean porte aux mariés. Les personnages importants sont Marie, Jésus et les serviteurs. En fait Jésus prend la place de l'époux en offrant le vin de la noce. N'est-il pas, par sa Résurrection, l'époux d'une autre noce, de ce que nous nommons dans la foi le sacrifice de la Nouvelle Alliance ? Le vin de la noce n'est-il pas le sang du Christ qu'il donne aux participants du grand mariage de Dieu et de l'humanité ? Il est donné à profusion comme le pain qu'il a multiplié. La bizarrerie s'éclaire alors. Saint Augustin voyait déjà dans la mention du bon vin servi, après le moins bon, une allusion au sang du Christ « meilleur » que le sang des prophètes qui l'ont précédé.

Et comment expliquer l'action de Marie qui semble être chez elle à cette noce et comprendre mieux la situation que Jésus ? La mère du Seigneur lance son fils, elle le pousse à agir, elle est même à l'origine de son intervention. L'évangile de Jean ne contient pas de récits de l'enfance du Sauveur. Ce récit de noces n'aurait-il pas cette fonction théologique : la mère de Dieu, accomplit sa mission d'engendrer au monde Jésus comme Sauveur, mission difficile et douloureuse que la mention de « l'heure » et que le mot « femme » rattachent à la Croix. A ce niveau de lecture (jaune), les bizarreries s'effacent, elles deviennent même une « aide pour comprendre ».

Quant aux serviteurs qui acceptent d'utiliser pour boire les jarres de purification des juifs, n'évoquent-ils pas aussi une dimension théologique (jaune) ? Ils sont les seuls à reconnaître le miracle. Le maître du repas lui-même l'ignore et s'interroge. Nous avons rapproché, à partir du mot « serviteur » ce récit d'autres textes bibliques qui nous ont orienté vers le serviteur souffrant d'Isaïe et le mystère pascal. Jean veut-il suggérer que seuls les « serviteurs », c'est-à-dire ceux qui suivent leur maître — et non pas les rites de la purification religieuse — sont capables de comprendre le mystère du vin et de la noce, à savoir l'Eucharistie ? Si nous ne devenons pas « serviteurs » de cette Nouvelle Alliance nous ne verrons à Cana qu'un mariage parmi d'autres. Là encore, les bizarreries s'effacent quand on se situe au plan de la confession de foi.

Nous pourrions prolonger cette méditation spirituelle. Mais il faut faire soi-même ce passage du « bleu au jaune » par le biais du « vert » et du « rouge ».

CONVERSION ET RÉVÉLATION

Le passage de la lecture anecdotique (« bleu ») à la confession de foi (« jaune ») stupéfie en général l'homme moderne désireux d'une communication universelle. Pourquoi ne pas exposer clairement et de façon positive la doctrine chrétienne ? Pourquoi la cacher dans un récit ? La foi serait-elle réservée à des initiés ?

Cette question intéresse directement l'animateur de catéchèse. Elle contredit l'idée que nous nous faisons aujourd'hui de la pédagogie : un exposé clair, logiquement construit et bien illustré. Les images ne manquent pas dans les évangiles puisque nous sommes souvent en présence de récits. Mais si on en reste à ces images, à l'anecdote, on ne saisit pas la confession de foi que pourtant le texte, avec ses bizarreries et ses rapprochements, appelle. Le catéchète qu'est saint Jean n'expose pas seulement pour montrer, mais aussi pour voiler le message, à la différence du pédagogue moderne. L'évangéliste raconte mais n'explique rien, il dit une chose mais pour faire comprendre autre chose. Il demande par là un déplacement radical de la perception et de l'intelligence dont nous pressentons l'importance.

Le lecteur non initié se contente en effet de lire le récit comme une anecdote de la vie de Jésus. Il voit un miracle du Seigneur qui permet à un mariage de bien se finir. Il se fait une idée sympathique de ce Jésus, gentil magicien. Il y croit ou n'y croit pas, peu importe finalement car cette information l'atteint seulement comme une histoire du passé. « C'était autrefois, pense souvent l'enfant, aujourd'hui est autre. » Ce lecteur, en fait, s'en tient au sens anecdotique. Il ne soupçonne pas « la perle précieuse » du champ qu'il n'a pas labouré. Il n'y voit que du « bleu ». Tel est le point de départ de toute lecture de la vie, quand elle est seulement perçue au ras des images a : « métro-boulot-télé-dodo ». Les moments de l'existence se succèdent comme les scènes du récit évangélique « et puis, et puis, et puis ». La lecture anecdotique du récit biblique se fait de la même manière que la lecture anecdotique d'une vie qui confond sens et chronologie. Nous sommes en présence d'une même attitude, d'une même extériorité, devant un défilé d'images.

116

Celui qui sait entrer dans une nouvelle lecture du récit, qui a « décollé » en quelque sorte de la lettre, qui a découvert la « perle précieuse » du champ, parce qu'il a labouré dans le « vert » et dans le « rouge », parce qu'il a changé... celui-là est capable de saisir Dieu dans l'homme-Jésus et le mystère pascal dans les Noces de Cana. *Cette nouvelle lecture s'approfondit, se forge aussi en fonction d'une expérience personnelle du mystère pascal. Parce qu'il a commencé à suivre Jésus, à être lui-même serviteur, le chrétien peut voir autre chose que l'anecdote.* Une nouvelle façon de vivre, liée à une conversion du regard et de l'intelligence, permet d'entrer dans la confession de foi chrétienne. Le changement de lecture — ce passage du bleu au jaune — est une conversion : ce sont les mêmes images, le même monde, mais tout est à voir, à vivre autrement, de l'intérieur.

On comprend maintenant la raison de la pédagogie évangélique qui ne veut rien expliquer en clair[2]. Toute conversion suppose en effet un nouveau rapport au monde qui succède à l'ancien, un avant et un après. La bonne volonté ne peut rien changer si elle ne s'accompagne pas d'une lecture neuve de la vie, d'une intelligence nouvelle. Seule celle-ci fait entrevoir le Christ ressuscité derrière l'anecdote qui demeure pourtant le choix le plus simple, un retour possible à la perception immédiate. « Je ne crois qu'à ce que je vois. » L'évangéliste construit son récit pour garder la possibilité des deux lectures, selon l'anecdote (savoir) et selon la foi. L'une et l'autre restent proposées à la liberté. Si saint Jean avait indiqué en clair la « bonne lecture » il aurait supprimé le choix, il aurait confisqué la conversion, il aurait empêché l'engagement personnel, ce labourage du champ qui seul peut faire trouver la perle.

---

2. Une telle pédagogie s'inscrit dans la littérature midrashique juive qui imprègne d'ailleurs fortement le texte évangélique. Se reporter à la partie théorique de l'ouvrage annexe *Catéchèse biblique symbolique-Séquences.*

L'évangéliste ne situe pas la catéchèse au niveau du savoir, mais bien à celui du rapport au savoir. Qu'il se soit passé cela aux Noces de Cana ne change rien à la vie d'aujourd'hui, mais saisir à travers ces images le Christ ressuscité peut bouleverser notre existence : *on n'écoute pas alors l'histoire pour elle-même mais pour ce qu'elle révèle.* La façon de comprendre est bien essentielle tandis que l'anecdote, ce savoir, n'apporte rien qu'un récit parmi d'autres, même si l'anecdote est le lieu où s'enracine cette façon de comprendre. Le symbolique n'exclut pas l'historique.

D'où vient cette pédagogie évangélique ? Sans doute de l'expérience même des premiers disciples ! Ils avaient vécu avec l'homme-Jésus. Ils avaient partagé sa vie. Ils en savaient les anecdotes mais aucun d'entre eux n'avait compris. Il a fallu « l'éclair » du matin de Pâques et le don de l'Esprit pour que leurs souvenirs, ces histoires, prennent soudain une dimension inouïe. Les mêmes anecdotes sont alors comprises autrement. La vie, la même vie, prend sens en Christ (Luc 24, 13-35). Les évangiles qui permettent ces deux lectures, celle d'avant Pâques et celle qui a bouleversé l'existence des apôtres, mettent à la portée de tous l'expérience pascale. Il fallait comprendre que cet homme était Dieu, il faut toujours voir que tout être humain est appelé à être divinisé en Christ. En lui, la vie trouve soudain son point d'ancrage : le même monde demeure mais tout prend sens.

L'évangéliste-catéchète permet à chacun de faire l'expérience pascale à l'occasion d'un récit qui ne présente apparemment que la vie d'un homme étrange : Jésus. Il n'impose pas une preuve de sa divinité, il ne force pas la foi qui est don de l'Esprit. Il la suggère dans son texte en référence aux Ecritures, mais il n'explique rien. Matthieu ne dit-il pas aussi la même chose quand il écrit : « Ne donnez pas aux chiens ce qui est sacré, ne jetez pas vos perles aux porcs, ils pourraient bien les piétiner puis se retourner contre vous et vous déchirer » (Mt 7, 6) ? La foi ne se transmet pas comme un savoir. Elle appelle une activité intellectuelle qui conduit à l'engagement et à la prière.

Le décryptage théologique des évangiles et de tout le langage de la foi suit la règle des deux compréhensions, selon le savoir et selon la foi. Cette opération sur le texte correspond à une transformation de notre rapport au monde, de notre façon de vivre.

Qu'en est-il pour l'enfant ? Peut-on parler pour lui d'un changement de rapport au monde puisqu'il ne fait qu'y entrer ? Sa vie, d'autre part, adopte les choix de sa famille, que l'adolescent contestera en revendiquant sa liberté. L'affectivité de l'enfant est telle qu'il ne peut vivre que dépendant, mais cette dépendance du « cœur » commande aussi son expérience du monde. L'enfant est en quelque sorte « *collé* » à son existence et à ses images, il n'a guère de recul par rapport à ce qu'il vit et à ce qu'il voit : il réagit immédiatement. Vers 8-9 ans, d'autre part, l'école aidant, ce jeune comprend le monde avec un langage qui fonctionne essentiellement selon le schéma « un mot-un sens ». Il étiquette le monde. Pour ces deux raisons son rapport à la vie peut être qualifié globalement d'anecdotique. D'ailleurs, la lecture que fait l'enfant des récits bibliques et de la liturgie, nous l'avons suffisamment montré, est du même ordre.

Pour que l'enfant puisse entrer dans le langage de la foi au-delà de l'anecdote, un « décollage » est indispensable. Mais si ce « décollage » est d'abord une opération intellectuelle, celle-ci rend possible un nouveau rapport au monde et par-là, la conversion. Abandonnons l'idée fausse souvent répandue que la foi ne serait que de l'ordre du « cœur ». Faire « décoller » l'enfant revient à lui donner la possibilité d'entrer dans un langage symbolique que son

« un mot-un sens » interdit. L'acquisition de ce nouveau rapport aux mots et aux images permet un nouveau rapport au monde, une compréhension de la vie qui ne soit pas déterminée exclusivement par l'affectivité anecdotique.

Le travail de « décollage » — cette opération que nous nommons « jaune » — que vise l'animateur de catéchèse, reste toutefois limité pendant l'enfance. Le sens produit est fugace tant l'enfant est marqué par la vérité positive qui joue pour lui comme une idolâtrie. Le « décollage » reste souvent formel tant que le jeune est dépendant de sa famille et qu'il ne peut pas vraiment choisir sa vie. Il a pourtant comme conséquence importante d'ouvrir, à la critique et au doute existentiel, une issue qui n'est pas le rejet du langage de la foi. L'enfant acquiert ainsi l'intuition, de plus en plus claire, de l'existence d'une vérité « invisible » liée à sa vie. Il saura qu'on ne dit pas Dieu comme le monde ; l'avenir du Credo est préservé.

Didier (10 ans) s'écrie soudain comme traversé par une idée : « J'ai trouvé : ils n'écrivent pas tout exact ! »

L'inexactitude du récit s'impose tout à coup à la conscience de l'enfant. Mais y a-t-il, de la part des évangélistes, mensonge ou vérité ? La réponse de Didier sera déterminante pour son avenir. La déformation des faits — les bizarreries des évangiles — a-t-elle pour but de tromper ou au contraire de souligner du sens comme dans la caricature ? Didier, en percevant clairement les bizarreries du texte, est mis en demeure de choisir entre deux ordres de vérité, deux rapports au monde. S'il n'est sensible qu'aux langages descriptifs de l'expérience pratique, les jeux sont faits : il rejettera le langage de la foi. En revanche, si Didier accepte d'entrer dans un langage de type symbolique qui dit plus qu'une description, il pourra accepter comme vraie la confession de foi. Le « décollage » sera, alors, en bonne voie.

Vers neuf ans, on assiste aux premières tentatives de « décollage », qui succèdent à une période d'intuition non verbale. Mais elles sont rares, ponctuelles et souvent floues. Ainsi ce groupe de CE 2 (8 ans) :

Animatrice — Jésus a-t-il guéri le cœur ou le corps du paralysé ?
— Son cœur et son corps, ce qui était malade.
Animatrice — Son cœur aussi était paralysé ? (rouge).
— Non, son cœur bougeait, autrement il serait mort.
Animatrice — Parle-t-on du cœur qui bat ou du cœur de l'amitié ?
— Du cœur qui bat.
— Non, c'est plutôt du cœur que l'on a par exemple pour sa maman.
— Avoir de l'âme pour elle, de l'amitié..., qu'on l'aime.
— Son cœur était malheureux parce qu'il avait fait des péchés. Mais maintenant son cœur est guéri, alors il est content.

Peut-on dire qu'il y a « décollage » ? Il semble qu'il y aurait plutôt distinction de deux « cœurs » ou de deux réalités indépendantes dites avec le même mot. Nous sommes, semble-t-il, dans le « bleu-vert », à la fois dans l'ordre du savoir biologique et dans celui de la relation de l'enfant à sa mère. Pour qu'il y ait vraiment « décollage », il faudrait que le jeune explicite un rapport entre ces deux « cœurs ».

Animatrice — Hérode ne voyait pas l'étoile ? Etait-il donc aveugle ? (rouge).
— Non... heu, si : pas aveugle qui voyait pas, heu...
— Il était aveugle pour Dieu, c'est-à-dire : Hérode, il était aveugle de Dieu.

Nous sommes ici peut-être un peu plus loin que dans l'exemple précédent. A partir du «rouge» introduit par l'animatrice, les enfants se battent avec le langage, comme nous l'avons vu au chapitre précédent (cf. p. 105). Ils ne règlent pas la question par une simple distinction (vert) comme «cœur qui bat» et «cœur de l'amitié». Les enfants gardent liés ensemble les deux aveuglements, ce qui produit leur hésitation. Ils tendent cependant à les délier en opérant le classement : «aveugle qui ne voyait pas» et «aveugle de Dieu». Mais ils commencent à sentir aussi qu'il s'agit, des deux côtés, d'un aveuglement. C'est donc un début de «décollage».

Frédéric (10 ans) — La lumière de Dieu, on ne la suit pas quand on fait des bêtises, mais quand on fait du bien on la suit.

Animateur — Tu suis une lumière quand tu fais du bien? (rouge).

Frédéric — Non, on dit ça, mais c'est pour comprendre. (jaune).

Là, il y a amorce de «décollage» puisque l'enfant utilise l'image, la même pour dire autre chose qu'elle, pour évoquer un autre ordre de vérité. Il n'est toutefois pas encore capable d'expliciter du sens.

(CM 2, 10-11 ans)
Animatrice — Pierres vivantes d'une maison spirituelle? Qu'est-ce que c'est? (rouge).

— La maison c'est l'église. Les pierres vivantes, s'il n'y avait que l'église, ça ne servirait à rien, on ne connaîtrait pas Dieu, s'il n'y avait que l'église. Faudrait dire : les pierres vivantes, c'est nous.

— C'est dans un sens, pour dire. (jaune).

— L'Eglise, ça veut dire la maison de Dieu, tous les croyants.

122

Ces enfants utilisent bien les images avec la conscience de dire autre chose qu'elles.

(6ᵉ, 11-12 ans.)
— «Quand on dit "dans la lumière" et qu'on allume une lampe, on ne voit pas Dieu qui nous parle.

— Aussi, à la messe, quand on nous dit qu'on allume une bougie, quand on avait fait la cérémonie, on allumait le cierge pascal et on disait qu'on était en présence de Dieu.

— Quand on met l'habit blanc, on dit que Jésus est en notre présence, tout le temps.»

Les «on dit» ou «on disait», «on met», montrent que ces enfants perçoivent l'aspect artificiel du langage. Ils ont pris du recul par rapport aux images. Ils ne sont plus dans la description, à propos de la vérité de la foi.

(4ᵉ, 14 ans.)
Bruno — «Dans un truc de math, il peut y avoir beaucoup de solutions, tandis que là, il n'y a qu'une solution, ça a existé d'une seule façon. Donc s'ils (les évangélistes) mettent plusieurs trucs, c'est donc qu'ils ne sont pas tous vrais, mais enfin, hum... il y a une signification... La Bible, c'est pas toujours ce qui se passe, c'est toujours des significations... Y en a-t-il beaucoup qui savent ce que signifie la Bible?»

Bruno d'abord hésite (rouge) puis commence à accepter un langage qui ne fait pas que décrire. Mais il n'est pas encore capable de produire un sens, il ne fait qu'entrevoir une piste.

Retenons de ces exemples :

1 — Que le «décollage» provient en général du «rouge» introduit par l'animateur.

2 — **Qu'il ne se fait pas immédiatement**, l'intuition semblant précéder l'opération explicite.

3 — **Que celle-ci suppose une prise de conscience de l'aspect artificiel du langage** : l'enfant ne dit plus « c'est » (description) mais « on dit ».

4 — **Que vers dix ans, les premières intuitions du langage symbolique[3] semblent se produire.** Il arrive pourtant que des adolescents n'y accèdent pas et n'entretiennent avec le langage de la foi qu'un rapport de type anecdotique.

FAUX « DÉCOLLAGES »

Dans ces exemples, on voit bien que le « décollage » correspond à une activité mentale de l'enfant qui, à partir d'un questionnement, ouvre du sens au langage de la foi. *L'activité est ici essentielle et non pas d'abord ce qui est dit.* L'enfant peut en effet dire les mêmes choses sans qu'il y ait « décollage ».

Ainsi Benoît (10 ans) — « Le baptême nous conduit à Dieu, il nous fait enfants de Dieu... Jean Baptiste baptisait dans le Jourdain. J'ai entendu l'année dernière que le Jourdain, il conduisait à Dieu, j'ai appris ça. »
Animatrice — Qu'est-ce que ça veut dire « conduisait à Dieu » ?
Benoît — Qu'il montait en haut.

Dès qu'il y a répétition, redite d'une formule entendue, nous sommes dans le « bleu » et non dans le « jaune ». *Le*

---

3. Nous ne tenons compte que de l'expression effective de l'enfant même si celui-ci peut pressentir une intuition avant de pouvoir l'exprimer. La parole construit.

risque de tout enseignement est de remplacer la recherche par la réponse : aucun éducateur n'y échappe, nous voulons toujours aller trop vite.

(6ᵉ, 11-12 ans.)
Animatrice — Vous venez de dire que le mal existe et qu'on le rencontre partout dans le monde. Qu'est-ce qui peut nous sauver du mal ?
— Jésus est mort sur la Croix pour nous sauver.
Sylvie — Il est le Sauveur du monde. Il fait vivre tous les hommes.

Sommes-nous dans le « jaune » ou dans le « bleu » ? On ne peut guère conclure si on ne connaît pas les enfants. Remarquons toutefois que le « rouge » est absent du dialogue et donc que ces jeunes pourraient très bien répéter des formules sans s'engager dans le langage de la foi. D'ailleurs Jérôme intervient :

— La croix, ça donne la mort, ça ne fait pas vivre. (rouge).
Animatrice — Oui, mais Jésus a donné sa vie pour nous.
Jérôme — Oui, mais il est mort. (rouge).
Sylvie — Après il est ressuscité. (bleu).
Jérôme — Jésus, il ne nous a pas sauvés de tout le mal, il y en a encore plein dans le monde. (rouge).

Après l'intervention de Jérôme, il semble bien que les premières affirmations étaient dans le « bleu ». Elles ne correspondaient pas à des « décollages ». L'animatrice de son côté, au lieu de faire chercher les enfants, de les engager dans une réflexion en vérité face aux objections sérieuses de Jérôme, se précipite pour donner une réponse qui ne peut que renforcer le « bleu ». Elle n'utilise pas le « rouge » comme moteur d'une recherche, mais préfère prendre une position de savoir, qui ne permet pas à Jérôme et à ses camarades d'intérioriser le langage de la foi. Au lieu de faire cheminer du « dedans », elle « plaque » sa réponse du « dehors », ce qui ne peut conduire à aucune

125

signification, mais seulement au « ras le bol » bien connu d'un langage qui n'a pas de sens. Mais l'animation dans le « jaune » demande une bonne maîtrise de soi et la connaissance de certaines techniques.

L'INFORMATION DANS LE « JAUNE »
ou une invitation à entrer dans le sens

Si l'animateur de catéchèse se fixe comme objectif le « décollage », il aura auparavant préparé longuement le travail. L'enfant n'arrivera à produire du sens que s'il a effectué dans les séances précédentes les opérations préparatoires :

— Il connaîtra bien les récits ou les déroulements des liturgies, matériaux du travail.

— Il les aura rapprochés ponctuellement d'un maximum de récits bibliques.

— Il aura surtout pris conscience des bizarreries qui lui auront posé question. Il sera alors entré dans une recherche qui le concerne.

L'information dans le « jaune » ne fait que reprendre et compléter une démarche qui trouvera là son accomplissement. Comme lors de l'information qui visait le doute et invitait à chercher (cf. p. 97). L'animateur de catéchèse souligne des bizarreries pour inciter à trouver une solution. Mais il ne le fait bien sûr, que si l'enfant a pu auparavant effectuer des rapprochements qu'il suggère de nouveau. C'est en effet à partir d'eux que la construction du sens est possible. Une bonne information dans le « jaune » sait combiner du « vert » et du « rouge ». Exemple qui veut souligner ce « vert » et ce « rouge » : Jésus marche sur les eaux (Mc 6, 45). (Il s'agit d'une histoire racontée, non pas d'un texte à lire.)

> *Dès après la multiplication des pains, Jésus obligea ses disciples à monter sans lui dans une barque. Ils*

126

avaient peur de monter seuls. Il leur dit : « Allez à
Bethsaïde de l'autre côté de l'eau, pendant que moi je
renverrai la foule. Toujours cette foule qui se presse au
bord de l'eau ! Après que Jésus eût renvoyé la foule, il
s'en alla tout seul sur une très haute montagne pour
prier. Le soir venu — oui, encore le soir —, il était
là-haut sur la montagne et ses disciples étaient seuls
dans la barque au milieu de la mer. Jésus, de là-haut,
les regardait dans la nuit noire. Il les voyait se débattre
avec la tempête et les vents contraires. Le matin de
bonne heure, il descendit dans la nuit. Il marchait vers
eux sur la mer et il allait les dépasser. — Oui, c'était le
matin de bonne heure. — Les disciples, le voyant
marcher sur la mer crurent que c'était un fantôme, un
mort qui revenait. Ils poussèrent des cris mais Jésus
n'était pas mort, n'est-ce pas ? Tous ils l'avaient vu.
Tous ils avaient eu peur. Mais lui aussitôt, leur parla.
Il leur dit : « N'ayez pas peur. C'est moi. Je suis Celui
qui suis. » Puis il monta avec eux dans la barque et la
tempête cessa immédiatement : les vents contraires
arrêtèrent de souffler. Les disciples étaient stupéfaits.
Jésus leur dit : « Maintenant comprenez-vous le
miracle des pains ? [4] *»*

LA CRÉATION VERS LE « JAUNE »
ou devenir poète

Cette partie pratique de la catéchèse est ici d'une
importance capitale. Le travail de création doit permettre

---

4. Le récit évangélique ainsi présenté ne respecte pas la « lettre » dans son
exactitude. Il ne faut pas toutefois oublier que cette « lettre » en français est déjà
traduite et reconstruite à partir de divers manuscrits. Mais le souci du catéchète
n'est pas du même ordre que celui de l'exégète positif dont le métier se fait sur le
texte. En pratiquant ainsi, ne nous inscrivons-nous pas dans la ligne des Targum
qui adaptaient le texte à l'auditoire et à l'actualité ? Pour le catéchète, le souci
premier n'est-il pas l'annonce de Jésus Christ ?

à l'enfant de devenir auteur, producteur d'un langage non descriptif. Prenons quelques exemples.

Une création qui peut mener au « jaune »

Dans ce que nous avons appelé « le mystère du Mal »[5], nous demandons aux enfants d'illustrer, avec un exemple vécu, la phrase de saint Paul : « Je ne fais pas le bien que je veux, mais le mal que je ne veux pas. » Ils codent ensuite cet exemple en remplaçant les personnages réels par des animaux : la force intérieure de la tentation est elle-même représentée par un animal « méchant », araignée, serpent ou autre loup. L'animateur demande ensuite aux enfants de dire si l'histoire qu'ils ont fabriquée est vraie ou, plus précisément, si l'animal codant la force intérieure est vrai. Des enfants de dix ans se « battent » alors avec cette question. Sachant la provenance de l'histoire, ils la disent vraie : « c'est quand j'ai pris le chocolat de ma sœur, alors c'est vrai ». Mais ils conviennent aussi que l'histoire d'animaux est fausse car les animaux ne parlent pas. Les enfants « décollent » difficilement de l'imagerie tant ils sont fixés sur la réalité décrite.

Remarquons que cette création qui peut conduire au « décollage », s'est faite dans le « vert » : la transposition de l'exemple vécu au récit fictif est en effet une transposition terme à terme. Le débat qui suit sur la vérité met les enfants dans le « rouge » et les invite ainsi à dire la sorte de vérité que véhicule le récit qu'ils ont construit eux-mêmes. L'expérience montre qu'en général les enfants saisissent l'opération de « décollage » mais arrivent difficilement à expliciter du sens. Ils disent des phrases du genre : « c'est pour nous faire comprendre » ou « ça veut nous dire le bien

---

5. Cf. *Apprendre à dire Dieu*, p. 117. *Catéchèse biblique symbolique, séquences.* Ed. du Centurion, Paris, 1983.

et le mal » ou « on ne doit pas faire le mal ». *C'est le travail de création — cette production de langage — qui fait saisir aux enfants le fonctionnement du langage symbolique.* Après cela, écoutant le récit de la tentation d'Adam et Eve, des enfants peuvent saisir un autre niveau de vérité du texte de la Genèse.

Autre exemple :

Dans ce que nous avons appelé « le jeu des codes secrets »[6], les enfants sont invités à coder des vies de saints avec des images symboliques tirées de la Bible et de la liturgie : lumière et ténèbre, serpent, désert, montagne... Ils doivent en quelque sorte surcharger ou modifier l'anecdote du passé (la vie du saint) avec ces codes pour en suggérer du sens dans la foi. Ainsi a-t-on :

« Paul était pharisien, il était dans le noir mais il croyait être dans la lumière. Un jour un serpent lui dit d'aller persécuter les chrétiens. La troisième semaine, pendant qu'il était dans le désert, une lumière lui apparut soudain et lui dit d'allumer des feux dans le monde... » (CM 1, 9 ans 1/2).

Cet enfant a su utiliser des images non plus pour décrire mais pour évoquer du sens à partir d'une « vie de saint Paul ».

Autre exemple :

Dans la séquence n° 6 l'Icône de la Nativité, tirée de l'ouvrage *Catéchèse biblique symbolique. Séquences,*

---

6. Cf. *Du jeu à la prière*, p. 39.

les enfants sont invités, dans un premier temps, à décrypter l'Icône, à chercher le message du peintre. Dans un second temps, après avoir étudié divers textes évangéliques, ils sont invités, à leur tour, à réaliser une sorte d'icône à partir des récits évangéliques étudiés. Par ce travail de création, *ils devront s'engager eux-mêmes dans la fabrication d'un langage symbolique disant le mystère pascal.* Un débat fait ensuite prendre conscience aux jeunes de l'originalité de ce langage et de la vérité qu'il exprime.

POUSSER AU « DÉCOLLAGE »

Si la « création » a permis à l'enfant de faire l'expérience de la fabrication d'un langage symbolique, le temps de parole qui suit permet le « décollage ». Ce temps de parole a deux buts :

— La prise de conscience du travail réalisé par le biais d'une verbalisation. Sans cela, beaucoup d'enfants ne sauraient pas vraiment ce qu'ils ont vécu. La prise de conscience se fait dans la prise de parole.

— La recherche de la raison du travail. L'enfant fait ce qu'on lui dit surtout s'il est intéressé mais il ne comprend pas pour autant l'exercice. Il n'y voit souvent qu'une activité parmi d'autres : « On a fait une icône lumineuse » ou « on a fait des diapos »... Le « décollage » suppose une réflexion, qu'un jeu, une bizarrerie, un illogisme à résoudre, peuvent déclencher.

Exemple (6e, 11 ans)

Décryptant l'Icône de la Nativité, ces jeunes commencent à percevoir clairement les bizarreries. Ils le disent :

130

— Joseph et Marie, ils ont l'air tous les deux tristes et inquiets. Ils font tous les deux comme ça (mimique). (rouge).

— Oui, c'est vrai, Marie a une drôle d'attitude. Normalement, elle devrait regarder son bébé, sourire... Il devrait y avoir du monde autour d'elle.

— Et la myrrhe, comme dans un enterrement... Ils mettent de ces trucs. (rouge).

Animatrice — Vous parlez de bandelettes, de tristesse, de la myrrhe, un parfum pour les morts... Pour une image de la naissance de Jésus? (rouge).

— Le peintre n'a pas mis tout ce que ça voulait dire tout ça? (jaune).

— On pourrait faire une recherche et puis on trouverait. (jaune).

Animatrice — On trouverait ce que le peintre veut nous faire comprendre. (jaune).

L'animatrice a donné les conditions du « décollage » qui s'expriment là :

1 — La prise de conscience des bizarreries.
2 — L'artificialité de l'Icône produite par un peintre et différente d'une photographie.
3 — La recherche du sens que l'Icône appelle.

Ces trois conditions sont nécessaires à l'« entrée dans le jaune ». Il a fallu trois semaines de manipulations à ces jeunes de onze ans pour en arriver là. L'animatrice, qui perçoit le progrès, ne s'emballe pas pour autant. Elle pousse les enfants plus loin, toujours plus loin : il leur reste maintenant à commencer une explication du message de l'Icône. Les jeunes y arriveront mais ils n'en sont pas encore là. L'animatrice se garde bien d'un commentaire explicatif qui arrêterait toute recherche.

Comment continuer ? En faisant faire du « vert », en donnant une information qui, rapprochée de l'Icône, permettra de saisir du sens. L'animatrice pourrait par exemple lire un texte d'évangile sur les souffrances de Marie (Luc 2, 33-35), ou sur la Croix interprétée comme «porte de la Résurrection», comme «naissance au Ciel» de Jésus. Cette mise en parallèle des deux naissances de Jésus, la terrestre et la céleste, permettrait sans doute à ces jeunes mis en marche de découvrir le message pascal de l'Icône.

CONSEILS D'ANIMATION

1 — Faire expliciter l'artificialité du langage de foi produit par la communauté ecclésiale.

(6ᵉ, 11-12 ans)

Isabelle — Nous, on ne peut pas faire lever le soleil sur les bons et sur les méchants, c'est le Père qui le fait. (bleu).

Stéphanie — La pluie, c'est quelque chose de méchant. (bleu).

Animatrice — Si je comprends bien, la pluie c'est mauvais ? (rouge).

Isabelle — Non, s'il n'y avait pas de pluie, les légumes ne pousseraient pas. (bleu).

Karine — La pluie qui tombe, c'est aussi pour ceux qui croient et ceux qui ne croient pas. (bleu ou jaune ?)

Isabelle — Mais Dieu, il pourrait faire lever le soleil et tomber la pluie uniquement sur les bons, ça serait mieux. Ils croiraient alors les autres. (bleu).

Animatrice — Dans ce cas, la pluie et le soleil, ils seraient pour toi ? (rouge).

Rires...

Karine — Des fois on est méchant, des fois on est bon... Alors ce n'est sûrement pas ça que ça veut dire. (jaune).

Stéphanie — Il aime *peut-être* autant les méchants que les bons ?

Karine — Quand il fait lever le soleil et tomber la pluie, il ne fait pas de jugements, le Seigneur donne ses biens à tous.

Animatrice — Mais on parle du soleil et de la pluie, pas de biens ? (rouge).

Isabelle — Le soleil veut peut-être donner un peu de bonheur aux méchants... La pluie veut dire que les bons doivent aider les méchants. (bleu, puis début de jaune ?).

Karine — Je ne vois pas... la pluie et le soleil, c'est peut-être la parole de Dieu. Il dit la parole à tout le monde et les méchants ils n'écoutent pas. On dit le soleil et la pluie, mais c'est pour faire comprendre. (jaune).

Karine a un « temps d'avance » sur Isabelle et deux « temps d'avance » sur Stéphanie qui est pourtant astucieuse. C'est la catéchète qui, animant dans le « rouge », oblige les enfants à préciser leur pensée. Sa dernière intervention invite les jeunes à distinguer langage descriptif et langage symbolique. Isabelle répond d'ailleurs avec « la pluie veut dire ». Karine pousse là son idée jusqu'au bout tout en prenant conscience du statut particulier du langage de foi : on dit une chose, mais ça veut dire autre chose.

Autre exemple (6ᵉ, 11 ans)

Elie a jeté trois seaux d'eau sur l'autel du sacrifice et le feu s'est allumé.

Animatrice — L'eau a allumé le feu : *on dit* des choses bizarres. (rouge).

— Dieu est divisé en trois personnes, alors trois seaux d'eau, heu... (vert).

— Trois seaux d'eau, c'est comme l'étoile, c'est le signe de sa lumière, de sa présence... c'est comme si... (vert).

— C'est pour montrer la présence de Dieu.

— Alors c'est... *on dit* que la lumière c'est Dieu heu... parce qu'*on dit* que dans le noir c'est la mort puis, dans la lumière c'est la vie. Les trois seaux d'eau aussi, *on dit* l'eau c'est la source de vie, *on dit*.

Ce « on dit » plusieurs fois répété marque clairement le passage du langage descriptif de la vérité anecdotique au langage symbolique qui suggère du sens à l'image. Mais l'expression des enfants reste encore hésitante.

La prise de conscience de l'artificialité du langage de la foi tient beaucoup à notre façon d'animer. Si nous demandons aux enfants : «Pourquoi Samson avait la force de Dieu dans ses cheveux ?» Ils répondront : «Parce que l'ange avait dit de ne pas les couper.» Ou si nous demandons : «Pourquoi Jésus est-il né dans une grotte ?», ils répondront : «Parce qu'il n'y avait plus de place dans les hôtels.» Si la question de l'animateur est de l'ordre de l'anecdote (bleu), la réponse de l'enfant le sera aussi. En revanche, si nous ne perdons pas de vue le côté artificiel du langage de la foi, nos questions seront du genre :

«Pourquoi *dit-on* que la force de Dieu était dans les cheveux de Samson ?» ou «Pourquoi *dit-on* que Jésus est né dans une grotte alors qu'on parle de salle ou de logis dans les évangiles ?» (rouge).

L'enfant ne sera pas alors trompé par nous. Certes notre «dit-on» peut induire une incertitude (on le dit mais c'est peut-être faux), mais il est une condition du «décollage». Celui-ci passe nécessairement par le questionnement.

2 — **Inciter au «décollage» en disant** : «C'est bizarre mais pourquoi dit-on cela, **pour faire comprendre quoi ?**»

L'animateur de catéchèse ne prend souvent pas garde à ses formulations. Il dira par exemple : «Pourquoi dit-on que Jésus est resté dans le désert quarante jours sans manger et après qu'il eut faim ?» Cette question appelle une signification mais qui peut rester anecdotique, elle n'incite pas forcément l'enfant au «décollage». L'animateur aurait dû ajouter : «Pour faire comprendre quoi ?» Il aurait alors mis l'enfant sur le chemin d'une opération dont il ignore l'existence et qui lui donne accès à une vérité d'un autre type. L'enfant en effet a tendance à dire spontanément : « On raconte cette histoire pour montrer que Jésus est puissant » (bleu). Une telle réponse évacue la confession de foi ; elle tend à réduire Jésus à un magicien du passé.

(CM 1, 9, 10 ans).
Animatrice — D'accord, l'histoire de Jonas est bizarre. Ce grand poisson est bien curieux. Mais pourquoi la Bible dit-elle cela ? Pour faire comprendre quoi ?

Alice — On peut pas le prouver mais... heu. Si elle n'est pas vraie, on l'exprime peut-être pas de la même façon... Mais ça veut sûrement montrer quelque chose... Ça veut nous faire croire... euh. Je sais pas... ça veut nous faire comprendre quelque chose. (jaune).

Animatrice — D'accord, c'est bien, ça veut nous faire comprendre quoi ?

Sébastien — Dans Samson par exemple, là il a été gentil. Il était avec Dieu au début, mais il a trahi son secret. Il n'était plus avec Dieu... Alors ça montre de ne pas être comme lui et aussi de ne pas trahir notre secret avec Dieu. (vert).

Sébastien tente de répondre en faisant du « vert » avec « sa vie » tandis qu'Alice commence à percevoir la nécessité d'une opération de « décollage ».

(CM 1, 9, 10 ans).
Animatrice — Une pomme ? Vous avez dit : une pomme ?
— Le fruit... sur les diapos, il était rouge.
— Ce n'est pas une photo qu'on a vue, c'est un dessin.
Animatrice — Comment l'aurais-tu représentée toi ?
— Pas si belle !
Animatrice — Ce fruit qui n'est pas une pomme existe-t-il vraiment ? (rouge).
— On l'a imaginé : c'est pour représenter. (jaune).
Animatrice — C'est pour faire comprendre ? (jaune).
— Oui, pour faire comprendre une force intérieure... (jaune ou bleu ?).
— Ceux qui ont écrit la Bible l'ont imaginé. (jaune).
Animatrice — Imaginer, alors ce n'est pas vrai ? (rouge).

Hugues — Ils savaient pas quoi mettre pour représenter. Eh bien ils le mettaient par un serpent parce que ça pique, que c'est méchant. (jaune).

Dès que l'enfant arrive à verbaliser l'opération, comme vient de le faire Hugues, l'animateur a réalisé son objectif. Mais le « décollage » ne vient pas toujours si vite. L'enfant se contente d'abord de répéter — et souvent longtemps — : « C'est pour faire comprendre quelque chose » sans aller plus loin. La perche tendue par l'adulte n'est reprise que peu à peu, elle est répétée en attente d'un contenu, comme une « bonne réponse ».

Exemple d'un « non-décollage » (CM 1, 9 ans)
Animatrice — Pourquoi raconte-t-on l'histoire d'Adam et Eve ?
— Pour faire comprendre.
— Qu'il faut écouter le bien... et pas le mal.
— Qu'on n'est pas toujours parfait. On ne sera jamais parfait comme Dieu.

Ces enfants se contentent peut-être de dire des formules qu'ils n'accrochent pas aux éléments du récit.

3 — **Se donner comme objectif le « décollage » et non le contenu.** L'animateur anime en général le groupe d'enfants avec une idée en tête qu'il aime entendre dire : c'est son point de repère d'animateur[7]. Si le jeune découvre cette idée — son idée — il le félicite. Mais, comme nous l'avons vu, le « faux jaune » existe (p. 124). L'adulte doit donc être aussi attentif à l'opération de parole produite par l'enfant qu'à la

_____

7. Cette critique a déjà été exposée en détail dans *Ouvrir la parole*, p. 53-55.

« chose » dite qui peut très bien être repétée sans avoir été approfondie.

Exemple d'une mauvaise animation (CM 2, 10 ans).

Animatrice — Quand Jésus dit "Je suis le pain de vie" qu'est-ce que ça veut dire ?

Christophe — Ca veut dire : je suis la source de vie (vie-vie : vert ?)

Animatrice — Quand vous allez communier, est-ce que c'est parce que vous avez envie d'une bonne baguette bien fraîche ?

Tous — non, non, non...

Animatrice — Quand Jésus dit « Je suis le pain de vie, c'est pour rassasier de quelle faim ?

Christophe — La faim de Dieu (bleu-vert ?)

Animatrice — Ça a rapport avec la faim qui vous prend à l'estomac quand vous n'avez pas mangé ? (vert et rouge en même temps)

Tous — non, non, non...

L'animatrice s'y prend mal. Les enfants n'ont que la possibilité de dire oui ou non. L'adulte a en tête une idée qu'elle veut faire découvrir sans racine d'images (vert) aux enfants, mais la communication ne s'établit pas parce que l'adulte se situe d'emblée dans le « jaune » tandis que les enfants sont ailleurs, dans leur univers mental. *Au lieu de chercher à leur faire dire ce qu'elle a en tête, l'animatrice aurait dû solliciter des opérations de parole* l'une après l'autre et non quêter la signification du « pain de vie ».

Autre exemple de non-communication (6e, 11 ans)

Animatrice — Le peuple qui marchait dans les ténèbres a vu une grande lumière. Que sont ces ténèbres ?

— Dans la nuit.

— L'obscurité.

Animatrice — Qu'est-ce que ça veut dire que les gens marchent dans la nuit. Pourquoi dit-on ça ?
— Ils savaient pas où ils allaient.
— S'il y avait une falaise, ils tombaient.
Animatrice — Qu'est-ce que les ténèbres ?
— C'est la nuit.
Animatrice — Quelle nuit ?
— C'est sombre.
— De 8 heures du soir à 8 heures du matin.
— Non, entre minuit et 3 heures.

L'animateur s'entête à pousser ces enfants dans le « jaune ». Mais ceux-ci, faute d'avoir fait suffisamment de « vert », n'arrivent pas à « décoller » et en restent à la signification littérale. Ils ont pourtant onze ans !

Cette sorte d'animation qui va trop vite conduit à ce que les enfants, au lieu d'entrer dans une réflexion qui les engage et les concerne, risquent soit de se complaire dans des mots et des formules, soit de quitter la catéchèse. Les mots de la confession de foi ont pour un adulte chrétien une épaisseur de sens, mais répétés dans le « bleu » sans effort, ils ne correspondent à rien. Ce genre d'animation ne tient pas compte du développement de l'enfant. Il peut conduire l'adulte aussi au découragement. En effet, dès que l'animateur s'aperçoit du désintérêt ou de l'incompréhension de l'enfant — donc de son propre échec — il s'étonne et n'en voit pas la cause : il est tellement persuadé que les enfants sont capables d'effectuer les mêmes opérations que lui. Il les croit d'emblée « dans le jaune ».

4 — **Eviter d'employer n'importe comment les expressions suivantes : Qu'est-ce que ça veut dire ?** Qu'est-ce que ça signifie ? Qu'est-ce que ça représente ?.

Elles correspondent en général toutes trois à une demande de « décollage » (jaune) : elles appellent une production de sens. L'enfant les comprendra ainsi, mais il ne produira du sens qu'à son niveau

138

(bleu, vert, ou jaune). Les mêmes expressions sont donc utilisées pour des effets différents. Ambiguës, elles conduisent parfois à un quiproquo entre l'adulte qui attend du « jaune » et l'enfant qui s'exprime dans le « bleu » ou dans le « vert ». Réservons-les donc aux demandes de « décollage ». « C'est pour faire comprendre quoi ? C'est pour vouloir dire quoi ? » (jaune).

5 — **Prendre du temps :** l'animateur souvent pressé par le programme est parfois impatient de voir les enfants avancer. Mais le « décollage », cette abstraction, ne peut pas être planifié ; il vient lentement à force de travail : chaque enfant a son rythme. On peut toutefois demander à ceux qui commencent à comprendre d'expliquer la chose aux autres. Tout le monde alors en profite.

6 — La lenteur de la progression, les objections de l'animateur qui pousse toujours plus loin, peuvent engendrer une insatisfaction du jeune qui cherche à bien répondre. Alors n'oublions jamais de **valoriser toutes les réponses des enfants, même balbutiantes**, quel que soit leur niveau. Même si ceux-ci se meuvent dans un univers anecdotique, leur parole a une valeur (cf. chapitre 1). Les rapprochements découverts, les bizarreries repérées sont également acceptables dans un développement. *Là encore l'opération nous semble plus importante que le contenu de la réponse donnée*, même si la fiche prévoit d'aller jusqu'au « jaune ».

7 — **Que les demandes de « décollage » soient concrètes et ponctuelles et non pas générales et abstraites.** Ne pas dire « Que signifie cette parabole ? » ou « Que veut nous faire comprendre Matthieu dans son récit des Mages ? »

Mais faire plutôt comme dans cet exemple (10 ans, CM 1) :

Les mages ont suivi une étoile dans les ténèbres. (bleu ?).
Animatrice — Les ténèbres ?
— C'est la nuit. (bleu).
Animatrice — Les mages voyageaient la nuit ? Ce n'est pas commode. (rouge).
— Ça peut très bien être rajouté. Par exemple, ils disent dans la Bible qu'il est né la nuit. Mais il peut très bien être né le jour. (bleu ou jaune ?).
Animatrice — Bien sûr, tu as raison, mais pour faire comprendre quoi ? (jaune).
— Pour faire comprendre que dans la nuit, c'est comme on disait le mal, le péché... (jaune).

L'enfant n'est capable d'opérer un « décollage » que sur des éléments ponctuels, non sur tout un récit, sa capacité d'abstraction n'étant pas suffisante.

8 — L'enfant se met à chercher dès qu'il se heurte à une bizarrerie. Il veut y répondre, la comprendre comme pour la supprimer. Nous l'avons vu (p. 99-100), le « rouge » est constructif dans la mesure où il « déconstruit » le sens anecdotique (le ciel, c'est le ciel) et permet ainsi, avec ce même mot, de rebâtir du sens (ciel ça veut dire...). L'animateur de catéchèse ne doit pas perdre de vue ce mécanisme. Non seulement il mettra les enfants en situation de produire du sens en les animant dans le « rouge », mais aussi, dès qu'il y a début de « décollage », *il retournera au texte*, au langage dont la compréhension est l'enjeu.

(6e, 11 ans)
Jésus a été quarante jours dans le désert et puis après l'esprit du mal l'a posé sur une très haute montagne. Il lui a montré toute

la terre et il a dit : si tu m'adores je te donnerai tous les royaumes.

Animateur — Ca existe une montagne comme ça ? (rouge).

— Heu, non, oui, non...

— La montagne, c'est un code. C'est pour faire comprendre que c'est le royaume de Dieu. (jaune).

Animateur — C'est bon ce que tu dis, mais je ne comprends pas bien : l'esprit du mal a-t-il mené Jésus sur une montagne oui ou non ? (rouge).

— Comme Jésus a toujours dit « non » au diable, Jésus il est monté près de Dieu (jaune).

— La montagne c'est comme au ciel.

Animateur — On pourrait dire alors : « Notre père, qui es sur la montagne ? »

— Oui, ça veut dire pareil, c'est un code. (jaune).

(CM 1, 9 ans)

Marc — David est berger des moutons et Jésus des hommes.

Animateur — C'est intéressant, mais je ne comprends pas pourquoi Jésus est berger des hommes ?

Marc — Jésus, il peut perdre quelqu'un qui fait un péché (jaune ?)

Animateur — Mais Jésus n'est-il pas tout puissant ? (rouge)

Marc — Non... heu... c'est pas ça... quand Jésus... quand on a perdu une brebis, enfin un homme... parce que l'homme a fait une bêtise, un péché.

Animateur — Mais en vrai, Jésus, il l'a perdu ou non ? (rouge)

— Non, non, il l'a toujours, mais je veux dire qu'il (l'homme) ne croit plus en lui. (jaune)

Animateur — Mais Jésus sait où est la brebis ?

— Bien sûr qu'il sait où est la brebis.

Animateur — Elle n'est donc pas perdue ?

— Il ne l'a pas perdue, mais c'est l'homme qui a perdu Dieu.

(CM 1 , 9 ans 1/2 — 10 ans)

Sophie — La brebis, c'est le chrétien qui s'éloigne, qui est dans le noir (jaune ou bleu ?)

Animateur — Et le berger alors ?

— Il va la chercher.

Célia — Quand on est dans le noir, on est en colère, on dit que Dieu y peut pas nous aider. Il est embêtant... C'est comme si on

141

était dans la nuit, et puis quand le jour revient, eh ben, on reprend nos esprits (bleu ou jaune ?).

Animateur — C'est parce qu'il fait jour que tout s'arrange ? (rouge).

— Faut déjà être consolée.

Christophe — Quand on est perdu dans la forêt, des fois on peut se retrouver (bleu).

Célia — Mais oui, mais c'est pas pareil. Quand on est dans le noir, c'est pas pareil que perdu dans la forêt.

Animateur — Le noir, est-ce que c'est pareil que la nuit ? (rouge).

Célia — Mais non, on peut être dans le noir en plein jour. (jaune).

Animateur — Par exemple un jour de grand soleil ? (rouge)

— On pourrait dire.

— Non... — Si.

Célia — Oui, ça se peut. Mais tout de même, un jour de grand soleil, il me semble qu'on peut être content que le soleil soit là.

Sophie — Mais pas forcément, parce que y a des choses qui peuvent arriver tristes qui nous font être dans le noir. (jaune)

9 — **L'enfant a souvent l'intuition du « décollage » avant de parvenir à expliciter du sens. C'est peut-être manque d'habitude, mais c'est peut-être aussi insuffisance de « vert ». N'ayant pas le réflexe de rapprocher des récits (ou sacrements) entre eux, l'enfant ne parvient pas à construire du sens. L'animateur de catéchèse peut, dans ces conditions donner une information qui**, rapprochée du récit étudié, **déclenche l'étincelle.** Ainsi, dans l'exemple de 6° précédent, l'animateur aurait pu laisser les enfants trouver le rapport entre la première phrase du Notre Père et la montagne dont parle l'évangéliste. *Les rapprochements permettent au jeune de symboliser au niveau « jaune ».* Ici, la correspondance n'est plus seulement littérale, elle s'établit au plan abstrait du sens.

10 — **Animer** un groupe d'enfants dans le but de faire « décoller », **suppose une progression dans les questions posées** : bleu, vert, rouge, jaune ou bleu, vert, rouge, vert, jaune. On constate pourtant souvent l'inverse : l'animateur de catéchèse commence à interroger dans le « jaune » puis il voit que les enfants n'y arrivent pas. Alors il met en évidence la bizarrerie pour s'apercevoir enfin que les enfants possèdent mal le récit. Mais ce parcours « jaune, rouge, bleu » est mauvais. Il ne mène nulle part.

Pour animer un débat visant le « décollage » sur le baptême de Jésus (Mt 3, 13) par exemple :

1) *S'assurer d'abord de la bonne connaissance du récit qui* n'est pas facile à retenir (bleu).

2) *Faire faire ensuite des rapprochements* avec d'autres récits (Déluge, texte de la Création...) et le sacrement de baptême (vert).

3) *Faire rechercher les bizarreries de l'histoire* : la colombe, la voix venant du ciel... (rouge).

4) *Inciter enfin au « décollage »* (jaune).

Si les enfants ont l'habitude de repérer les bizarreries, ils se mettent vite dans le « rouge » ; tout de suite après la phase « bleu ». Dans ce cas, l'animateur de catéchèse laisse expliciter ces difficultés, ces aspérités qu'il valorise puis incite aux rapprochements (cf p. 87-88). Il repère alors le niveau de parole des enfants, ce qui lui permet de contrôler sa catéchèse.

PRIER DANS LE « JAUNE »

La prière chrétienne, à la différence de la prière juive ou de la prière païenne, est toujours centrée sur Jésus

Christ[8]. Ainsi l'Eglise a-t-elle toujours récité les psaumes de l'Ancien Testament en les rapportant à son Seigneur. La prière chrétienne est doctrinale au sens que ce mot avait parfois au Moyen Age : scripturaire[9].

La catéchèse a pour but essentiel de préparer le jeune à entrer dans la prière de l'Eglise[10]. Elle l'ouvre en effet à la compréhension de la confession de foi, à l'intelligence de la foi, ce rapport au langage de la foi et au monde[11]. Une telle initiation ne touche pas seulement le « cœur » de l'enfant mais façonne aussi son intelligence des grands textes de l'Eglise. Sans quoi notre foi serait sans Credo et sans Eglise.

On ne transmet pas la foi qui est un don de Dieu, mais son langage. Comme le rappellent nos évêques : « La communauté ecclésiale permet la transmission des textes fondamentaux de la foi et tout d'abord de « l'Ecriture et du Symbole[12] ». *La catéchèse a donc un aspect objectif si on peut dire, qui appelle une intelligence de la confession de foi, écrite, patrimoine de l'Eglise.* Mais l'adhésion de l'intelligence n'est pas celle du « cœur », et parfois de très loin.

Ce décalage entre « cœur » et intelligence est particulièrement important chez les enfants marqués à la fois par leur spontanéité et leur capacité de « décoller ». On pourrait aller jusqu'à dire qu'un fossé existe chez eux entre affectivité et intelligence. Toute approche doctrinale risque de rester formelle — certains diraient intellectuelle —. Mais l'approche seulement affective risque de passer à

---

8. Cette apparente lapalissade se justifie quand on voit certaines célébrations qui ressemblent plus à un culte de l'Etre suprême, à une fête du printemps, qu'à une liturgie chrétienne centrée sur le Christ.

9. Cf. *Exégèse médiévale* de Henri de Lubac (Aubier), tome 1, p. 60. Une mine pour les catéchètes.

10. Ce point est capital. Il touche au statut de l'acte catéchétique qui n'a pas pour but essentiel de transmettre des connaissances positives. Cf. *Ouvrir la parole*, chapitre 3.

11. Tout rapport au monde est structuré par un langage. Nous ne sommes pas des animaux.

12. *Texte de référence*, p. 27.

côté de la confession de foi. Nous touchons là une difficulté majeure de toute catéchèse de l'enfance.

C'est dans la prière que cette difficulté apparaît le plus. Dès que l'enfant est capable de « décoller », il commence à formuler des prières dans le « jaune », c'est-à-dire avec une certaine intelligence de la confession de foi. En revanche, il peut, même dans le « bleu », prier du fond du cœur (cf. p. 43-46).

Voici quatre prières qui sont de deux types différents (10 ans, CM 2) :

> *« Merci de m'avoir fait comprendre que quand les mages sont arrivés chez Jésus, ils sont sortis du noir et c'était une grande fête dans la lumière comme le matin de Pâques. »*
>
> *« Merci Seigneur, de m'avoir fait comprendre que la croix de bois de Jésus redonne la vie aux hommes comme le bâton de Moïse a redonné la vie aux Hébreux en faisant sortir de l'eau du rocher. »*
>
> *« Seigneur, tu aimes tous les hommes, tu pardonnes toujours. Je veux t'aimer tout le temps. »*
>
> *« Merci Seigneur, d'être avec moi et de m'aider à être gentil à la maison et de bien travailler en classe. Aide-moi encore plus. »*

Les deux premières prières semblent provenir d'un investissement intellectuel du langage de la foi tandis que les deux dernières paraissent ressortir plutôt de la sensibilité religieuse. Le décalage entre elles est évident [13].

L'animateur de catéchèse doit tenir à la fois les deux registres : celui du « cœur » et celui de l'intelligence. En lâchant le registre de l'intelligence — réaction, semble-t-il, actuelle au « catéchisme par cœur » — il conduirait

---

13. C'est toute la différence qui existe entre une catéchèse chrétienne et un éveil religieux qui, à la limite, est du ressort de la psychologie religieuse.

l'enfant vers le Dieu gentil « du déisme ambiant [14] ; mais à la première « croix » ce Dieu serait balayé. En lâchant l'autre registre, celui du « cœur », l'animateur de catéchèse risquerait de réduire la prière à une opération cérébrale. Mais *tenir ensemble ces deux types d'expression n'est pas facile parce qu'ils se rejoignent mal chez l'enfant. Ils sont comme juxtaposés : celui-ci vit non unifié.* Son rapport à lui-même reste affectif et immédiat, il manque de recul. Son rapport aux langages, en revanche, peut se caractériser par ce « décollage » que nous visons. L'intelligence vient alors à devancer le « cœur », mais pour le transformer et être source de développement [15].

Exemple de prière en fin de CM 2 (11 ans) :
> *Dieu, tu nous as donné une source d'eau vive en sacrifiant l'agneau. Toi qui es monté aux cieux sur la nuée, envoie-nous ta manne par l'Eglise pour nourrir nos déserts. Envoie la colombe pour qu'elle nous fortifie. Fais que nous formions un arbre solide dont tu es et tu seras toujours la tête.*

Autre exemple (10 ans et demi) :
> *Seigneur, baigne-nous de ta lumière, qu'elle éclaire notre cœur pour que nous acceptions que l'ombre de la mort nous ouvre à la Vie éternelle.*

Exemple de prière en 6ᵉ (11 ans) :
> *Toi, ô nuée qui nous révèle Dieu, éclaire-nous pour que nous voyions ta face. Toi Seigneur, qui nous protèges, aide-nous à être de meilleurs chrétiens. Prépare-nous à la moisson de Dieu où il triera les*

---

14. Comme le *Texte de référence* l'indique (p. 41), le déisme « peut enfermer dans une impasse ». Celle-ci correspond au refus du « rouge », c'est-à-dire à une absence d'éducation de l'intelligence de la foi (*intellectus fidei*).

15. La distinction « cœur »-intelligence ou affectivité-esprit est commode comme critère d'analyse dans un exposé psychologique. Dans une pratique où tout l'homme est concerné, elle n'est guère opératoire. Nous voyons précisément ici comment ces deux réalités réagissent l'une sur l'autre.

hommes, les bons et les mauvais. Donne du courage
aux Cambodgiens pour qu'ils résistent à leurs mal-
heurs. Remets les méchants dans le bon chemin.

UN PARCOURS CATÉCHÉTIQUE ?

Le « jaune » que nous avons visé dans ce chapitre semble être l'aboutissement d'un parcours qui peut demander des années et qui peut même ne pas aboutir.

Ce parcours ressemble à la sortie d'un œuf dont la coquille est ce langage descriptif (un mot — un sens) qui enserre la vie, qui l'emprisonne jusqu'à lui ôter toute épaisseur. Ce réalisme religieux, quasi général après l'apprentissage de la lecture et de l'écriture, correspond, nous l'avons vu, à un véritable univers mental, à un rapport anecdotique au monde.

Pour sortir de l'œuf, il faut casser la coquille, briser le langage descriptif qui enferme, pas pour le rejeter mais pour l'interpréter. La confrontation avec la confession de foi produit cette crise, ce questionnement sur la vérité de ce qui est dit. Ce « rouge » correspond à une prise de conscience de la bizarrerie d'un langage qui décrit mal. L'alternative est claire : soit rejeter un langage « faux », soit y découvrir du sens. Le « rouge » peut donc être exprimé soit de façon négative (« Je ne peux pas y croire »), soit de façon constructive (« C'est pour faire comprendre »). On en arrive alors au « décollage ». L'expression négative est celle de l'univers mental anecdotique qui, se fermant sur lui-même, devient la norme unique de la vérité : tout ce qui n'est pas description est considéré comme « faux ». En revanche, dès qu'il y a recherche de sens, « décollage », l'univers anecdotique est dépassé en même temps que le « fonctionnement » du langage se transforme. Parce qu'il peut être dit à la fois à partir du « bleu » et à partir du « jaune », *le « rouge » est un opérateur de changement*. (Ne pas voir cette expression « négative » ou « constructive » comme meilleure ou moins bonne, mais comme deux étapes... aussi importante l'une que l'autre.) Mais la reconstruction qui naît à l'étape du questionnement ne peut se réaliser qu'avec l'aide des rapprochements. Un mot, un son, prend de l'épaisseur parce qu'il évoque un grand nombre d'images et de récits (cf. p. 48-50). Si le « rouge » est le « moteur » du « décollage », le « vert » en est le support. Le jeune enfant fait spontanément des rapprochements concrets entre récits différents. Ce « vert »-là appartient au monde mental anecdotique ; il s'effectue sur les images, sur du concret. Il existe aussi un autre « vert » si on peut dire, qui correspond à l'usage symbolique du langage de la foi ; pour découvrir ce sens, on doit se hisser à un certain niveau d'abstraction par rapport à la « lettre » (exemples : vin et sang, désert et carême). Parce qu'il peut être dit à la fois à partir du « bleu » et à partir du « jaune », *le « vert » est lui aussi un opérateur de changement.*

Le « vert » et le « rouge » sont donc l'un et l'autre, chacun à sa façon, des opérateurs de changement. Ils permettent, quand ils sont conjugués, de briser la coquille de l'anecdote pour reconstruire le langage à un niveau de sens et de vérité. Ils rendent possible l'intelligence de la foi, cette autre façon de comprendre la vie.

L'univers mental anecdotique (bleu) correspond à une idolâtrie des mots qui sont comme un écran à la Vérité. Ils sont pourtant indispensables : sans eux, l'homme s'enfermerait en lui-même, et Dieu ne serait qu'une projection imaginaire, qu'une façon déguisée de se complaire en soi. *Le trajet de la catéchèse nous semble passer nécessairement par la découverte d'un nouveau fonctionnement du langage* : les mêmes mots, les mêmes images et récits — le même visible — disent autre chose que la matière, que le fait. Ce parcours est bien catéchétique puisqu'il engage à dire Dieu, à suivre Jésus avec des matériaux de langage que nous aurions tendance à diriger sur le monde, et non à ouvrir vers le Père.

En brisant la coquille de l'anecdote, nous faisons, au sens strict, œuvre *d'éducation*, même si cette démarche dépasse l'enfance. L'animateur de catéchèse conduit le jeune hors de la prison des mots pour y contempler une lumière qu'ils cachaient tout en la révélant, selon le « fonctionnement de la Révélation ». Mais il ne faudrait pas prendre les étapes de la parole, ces changements dans notre rapport aux mots, comme une mécanique pédagogique. L'enfant est libre de son parcours, il avance comme il peut, à sa vitesse, avec ses régressions et ses bonds en avant. Les étapes décrites ici ne sont que repères pour baliser le chemin du jeune et permettre au pédagogue d'intervenir correctement. En fait, le parcours n'est jamais fini, toujours à refaire, tant les images du monde, comme miroirs aux alouettes, nous attirent dans les filets d'une vérité anecdotique où Dieu n'est pas.

Chapitre V
Synthèse

La présentation des quatre « paroles » de l'homme (bleu, vert, rouge et jaune) a le schématisme d'une chronologie ou d'une progression : nous avons décrit successivement quatre *rapports à l'énoncé de foi*. Un tel exposé peut tromper et faire passer cette recherche pour une « recette » de catéchèse qu'il n'y aurait qu'à appliquer. De là à tomber dans un système rigide d'animation, il n'y a pas loin.

On peut certes parler de progression, mais dans la réalité, elle est complexe et se complexifie avec l'âge. Bien sûr, on n'entre pas n'importe comment dans la compréhension de la confession de foi chrétienne, mais les parcours personnels n'ont pas la simplicité du schéma présenté ici. S'il y a système, c'est que nous avons forcément chacun un certain rapport au langage de l'Eglise, que nous avons tous une façon temporaire d'aborder — d'investir — la confession de foi. Nous l'ignorons en général comme Monsieur Jourdain pour la prose. Tout document catéchétique sera saisi par l'enfant dans « le bleu, le vert, le rouge ou le jaune » et pas autrement. Et cette approche peut varier : tel est le système !

Ce petit livre a voulu mettre en évidence le fait qu'un même énoncé de foi (récit, prière ou liturgie) peut être appréhendé de quatre façons différentes et dépendantes l'une de l'autre. Quand par exemple, l'Eglise affirme : « Jésus est mort sur la croix pour nous sauver », cette phrase peut être approchée de quatre manières correspondant aux sortes de dispositions que nous avons à son égard.

— *Comme un savoir catéchétique* qui est pris comme tel, qui est appris. Nous nous relions à lui comme on le fait pour la description d'une chose, ou d'un fait. C'est le « bleu ».

— *Comme une information ou une image* qu'on se plaît spontanément à rapprocher d'une autre image, d'une expérience ou d'un savoir. « Mort sur la croix » peut rappeler le crucifix de notre chambre ou le scénario de Jésus montant au Golgotha. Le mot « sauver », de la même façon, peut évoquer un sauvetage en montagne, *mais sans plus*. Les enfants sont familiers de ces opérations de rapprochement. C'est le « vert ».

— *Comme une parole* qui ne va pas de soi. Comment la mort d'un homme peut-elle modifier celle d'autres hommes vivant en d'autres temps ? Que peut signifier le mot « sauver » dans la vie que je mène ? Etc. Ce « rouge » correspond à un questionnement critique de l'énoncé de foi. S'il est toujours négatif puisqu'il est contestation d'une affirmation, il n'est pas forcément destructeur. Il est constructif, comme nous l'avons vu, dans la mesure où il est assumé dans la communauté de foi. Il correspond alors à la question : « Que comprendre ? » Il ne produit le rejet que si le monde mental anecdotique (rapport « bleu ») garde le dessus sur la recherche : « On me l'a dit, mais c'est impossible. » C'est le « rouge ».

— *Enfin comme une parole de sens « pour moi »,*

c'est-à-dire comme une confession de foi personnelle qui transforme ma vie, c'est le «jaune». Mais une telle approche n'est pas un savoir supérieur, du «bleu» au second degré. Elle correspond à un tout autre investissement du langage de l'Eglise. Elle est recherche enrichie par l'expérience chrétienne et nourrie de rapprochements de sens. Alors la Parole vit en nous. Le tome 2 montrera comment l'adolescence correspond à une maturation du «jaune» à travers la prise en compte de l'histoire personnelle.

Le travail de catéchèse se situe donc au-delà du savoir des mots, il se fait au niveau d'une modification profonde du rapport de l'homme aux mots, aux images et aux signes qu'il emploie pour dire Dieu en Jésus Christ. Il appelle une évaluation permanente de l'investissement que fait le jeune (l'adulte) du langage de l'Eglise. Il demande donc, de la part de l'animateur de catéchèse, une bonne connaissance de ces quatre rapports que l'homme entretient avec son langage quand celui-ci n'est pas platement descriptif[1].

_____

1. Nous avons considéré dans ce livre, les rapports que nous entretenons avec les mots et images verbales de la langue, qui, eux, sont fixes, définis, et partagés par la communauté linguistique. Les mots restent les mots ; ils ne bougent pas même si leur signification varie. Ce qui change, en dehors des significations données par le dictionnaire, est notre rapport aux mots (et aux images verbales) suivant la façon dont nous nous relions à eux, nous projetons en eux, c'est-à-dire suivant la façon dont nous faisons fonctionner le langage. Dès lors, notre approche diffère de celle d'Odile Dubuisson (*L'acte catéchétique*, Centurion, 1982). Trois niveaux de langage (et non de parole) y sont distingués : le niveau factuel, le niveau principiel et le niveau existentiel. Le niveau factuel est premier en tant qu'il est informatif, il dit l'objet et produit nécessairement l'extériorité. Le niveau principiel réfère l'objet à une idée abstraite qu'il faut illustrer et transmettre : c'est une prise de position intellectuelle qui ne convient pas au témoignage de foi, à l'expression d'une foi vivante. En revanche, le niveau existentiel du langage exprime l'engagement de la personne dans la foi au Christ. Pour dire sa foi, le catéchète doit donc se situer à ce niveau-là, le plus «profond» des trois, qui serait la «couche» ultime du langage englobant les deux autres.
Ces trois «couches» déterminent le rapport du sujet à l'objet. Au fur et à mesure que l'homme approfondit son rapport à l'objet (au monde, à la foi...), il transforme son langage, allant successivement d'une information objective à l'engagement personnel, en passant bien sûr, par l'idée incluse dans l'action engagée.
La première différence avec cette très intéressante thèse, semble être le fait que nous considérons *pratiquement* le langage comme médiation indépassable

Certes la foi ne s'évalue pas et on peut être croyant quelles que soient son intelligence de la foi, sa «parole» (bleu, vert, rouge ou jaune). En revanche, l'intelligence de la confession de foi — son investissement — peut être évaluée et donc faire l'objet d'une catéchèse. La définition donnée ici des quatre «paroles» de l'homme sur la confes-

---

entre le sujet et l'objet. Pratiquement, c'est-à-dire à l'intérieur d'un fonctionnement pédagogique. Nous prenons en compte la réalité effective autonome des mots et des images verbales. Ils ne sont en effet ni sujets, ni objets, constituant une sorte de plan de médiation à l'intérieur de nous et aussi à l'extérieur, la langue. Ils sont nôtres et autres, tout à la fois. Avant d'avoir un rapport à la chose, n'avons-nous pas déjà, en nous, une relation intime aux mots et aux images verbales qui détermine en partie notre rapport au monde? Pour nous, l'acquisition du langage n'est pas seulement une connaissance des mots et des phrases, mais aussi une pratique de ces matériaux dans les divers niveaux de parole. Tâche d'éducation déterminante en deçà et au delà des questions de vocabulaire.

La seconde différence touche à la question existentielle. Qu'entend-on par vie ou par existence? Pour nous, entre le rapport «bleu» au langage et le rapport «jaune», il y a toujours le «rouge», soit le questionnement critique, soit le doute existentiel. Un enfant qui «ne croit pas» manifestera par exemple, une attitude a priori négative par rapport à la confession de foi, à toute la confession de foi. Nous avons essayé de montrer comment cette attitude critique avait un lien avec la mort. C'est elle en effet qui semble modifier fondamentalement notre parole et jusqu'à notre discours sur l'amour. Le mot «amour» change de sens avec le niveau de parole. Odile Dubuisson, dans sa conceptualisation, n'exclut pas la mort mais elle ne semble pas lui donner la place centrale que nous nous lui donnons dans le fonctionnement langagier. Elle mentionne certes la mort dans les grandes questions humaines mais elle regroupe «les raisons de vivre du groupe», les attitudes fondamentales de l'homme (admiration, louange, action de grâce...) avec l'Espérance de la Résurrection. Il nous semble que ces grandes questions ne prennent leur sens que sur un fond de mort, leur sens et leur vérité. A travers la louange, l'admiration, l'action de grâce,... n'exprimons-nous pas toujours une position personnelle face à la mort, un risque, un pari?

Ces attitudes prennent une tout autre valeur que dans l'humanisme si elles sont «trempées» dans le mystère pascal. La mort assumée dans la confession de foi, semble se symboliser dans un certain rapport aux mots et aux images verbales, c'est-à-dire dans un certain fonctionnement langagier. N'y a-t-il pas quelque chose de cela quand le poète actue son poème? Les chants désespérés sont les chants les plus beaux quand ils dépassent la mort.

La troisième différence porte sur la question de la communication qui est au cœur de notre proposition. Est-ce parce que le catéchète ou le prédicateur se situe (pour lui-même, dans son propre rapport aux mots et aux images verbales) dans le niveau existentiel du langage que ses auditeurs s'y situeront nécessairement? La communication se ferait-elle automatiquement dans l'ordre du témoignage de foi? Celui-ci ne pourrait-il pas aussi provoquer de l'irritation («rouge») ou l'évocation d'une autre image («vert»)? Pour «l'émetteur» certes, mais pour les

sion de foi de l'Eglise introduit une première grille pour définir une pédagogie : des objectifs et des outils. Puisqu'elle met en évidence le rapport personnel de l'enfant au Credo, elle permet aussi une évaluation de la quadruple production que nous exigeons de lui : construction du scénario imaginaire, expression pratique du temps de création, expression verbale du temps de parole libre et enfin production d'une prière.

Ces quatre temps (ou fonctions) de la catéchèse, que nous retrouvons à chaque chapitre de ce livre (information, création, parole libre et prière), complètent la grille des « paroles » en qualifiant la production, le type d'investissement. Ainsi l'information touche-t-elle l'imaginaire individuel de l'enfant qui est actif en lui dès qu'il se construit un scénario imaginaire (cf. p. 22 à 26). La création, elle, est le temps de l'activité pratique, l'expression d'un rapport extérieur et quasi corporel au langage de l'Eglise. Le temps de parole libre permet l'expression verbale et le dialogue sans lesquels le sens ne naîtrait pas. La prière enfin, véritale habitation de la confession de foi chrétienne, est la production originale du lieu liturgique[2].

Nous voilà ainsi en possession de deux grilles de lecture : les quatre « paroles » et les quatre temps (ou fonctions) de la catéchèse. En les croisant, nous pouvons situer notre action pédagogique, définir l'objectif recherché et choisir ou construire les outils correspondants. Si, par exemple, nous constatons qu'une majorité d'enfants commence à exprimer un rapport critique et négatif à la confession de foi chrétienne, nous animerons notre groupe

---

« récepteurs » ? Nous savons bien, d'expérience, qu'un catéchète peut témoigner profondément de sa foi (dans le « jaune ») et être reçu dans le « bleu », voire dans le « vert » ou dans le « rouge ». Peut-être aussi dans le « jaune » en une sorte de symbiose, mais ce n'est nullement automatique. La thèse nous semble appeler une théorie de la communication. Toujours est-il que les deux thèses sont très proches l'une de l'autre avec des conceptualisations qui se ressemblent.

2. Cf. *Ouvrir la parole*, p. 103-104.

dans le « rouge » en privilégiant le temps de parole libre. En tout cas, nous éviterons le genre didactique qui ne peut provoquer qu'un peu plus de rejet quels que soient la chaleur et le témoignage de l'animateur.

Autre exemple : si nous constatons que les enfants ont tout à fait oublié le récit évangélique proposé le mois précédent, ce qui gêne leur parcours, il faut s'interroger à la fois sur la qualité de l'information donnée et sur l'activité de création. Nous avons vu en effet qu'une information n'est saisie par l'enfant que si elle produit chez lui un scénario imaginaire. Nous avons vu aussi l'importance de l'activité de création dans la mémorisation. Un tel constat, s'il n'est pas immédiatement pris en compte, aura de lourdes conséquences pour l'enfant. N'ayant pas les images fondamentales, il ne pourra faire de lui-même aucun rapprochement et devra se contenter de répéter des formules vides et les significations produites par des adultes. On peut donc en conclure ici que l'information n'était pas adaptée à l'âge et (ou) que l'activité de création a été insuffisante.

La mise en œuvre simultanée des deux grilles permet donc à l'animateur de catéchèse d'évaluer en permanence son travail et d'adopter les outils proposés à son groupe d'enfants.

FICHES CATÉCHÉTIQUES

L'animateur de catéchèse a, pour l'aider, un certain nombre de fiches pédagogiques. On abandonne de plus en plus en catéchèse le manuel rigide construit indépendamment du cheminement des enfants, en fonction seulement d'un « contenu » organisé. Cela se comprend : le langage de l'Eglise, même s'il doit être appris, ne « fonctionne » pas comme un savoir positif. On ne l'investit pas seulement dans le « bleu ». Ainsi les parcours catéchétiques actuels présentent-ils souvent un ensemble de fiches ou de séquences indépendantes les unes des autres et dont l'ordre peut varier. L'animateur peut les choisir en fonction de leur contenu qui peut être adapté aux centres d'intérêt des enfants, ou en fonction de leurs difficultés d'où la possibilité d'une progression.

On a du mal parfois à préciser du premier coup d'œil, la difficulté de la fiche. L'utilisation des deux grilles facilite cette tâche de l'animateur de catéchèse. Il doit se demander d'abord à quels niveaux de « parole » (dans quelle(s) couleur(s)) peut fonctionner l'outil (première grille). Il regardera ensuite les types d'investissements proposés (seconde grille).

1) *Première grille*

— Quelles sont les images proposées aux enfants ? En d'autres termes, à partir de quel support concret, l'enfant va-t-il penser ? Ces représentations de base sont-elles bibliques, sacramentelles, existentielles... ?

— Quels rapprochements l'enfant est-il convié à faire ? Quels rapports concrets avec Jésus Christ (Ancien Testament et Evangile : images existentielles et Evangile ; liturgie et Evangile) ?

— L'enfant peut-il exprimer ses questions ou un malaise ? Même : le questionnement de l'enfant est-il appelé à travers les informations données ?

— La fiche permet-elle à l'enfant d'entrer dans une production de sens à partir de son cheminement et des informations fournies ? Ce sens est-il différent du sens anecdotique ou des opérations de rapprochement ?

2) *Seconde grille*

— L'information fournie peut-elle donner lieu à un scénario imaginaire ? En d'autres termes, est-elle suffisamment concrète pour être retenue ? Trop longue (rare) ? Trop courte, sans péripéties ?

— Le travail de création est-il suffisant : durée ? Est-il individuel ou collectif ? Est-il original, suscitera-t-il l'intérêt de l'enfant ?

— La parole est-elle véritablement donnée à l'enfant à un moment ou à un autre ? Un dialogue est-il prévu : avec l'entourage, entre enfants ? Le livre de l'animateur donne-t-il des exemples de sens produit par des enfants ? (dans quelle couleur ?)

— La prière, si elle est prévue, est-elle articulée sur la catéchèse ? Prend-elle comme support les récits ? Est-elle écrite à l'avance ? Permet-elle l'expression personnelle des enfants en tenant compte des significations qu'ils sont capables de produire sur l'information donnée ?

LIMITES

La seconde grille est d'un emploi facile. L'animateur de catéchèse peut en effet repérer aisément dans les fiches ce qui est information, ce qui est activité de création et ce qui est célébration. Connaissant bien les enfants dont il a la charge, il peut modifier la fiche en conséquence : augmenter l'information, rendre l'expression plus attrayante ou la prière plus spontanée. Les auteurs des fiches incitent d'ailleurs souvent à l'invention.

Le temps de parole libre est plus difficile à repérer, parce qu'il n'est pas forcément prévu explicitement. La parole est parfois donnée à l'enfant dans un but précis : à partir de questions orientées, à partir d'un dessin ou d'une formule à expliquer. Une telle activité verbale n'est pas entièrement libre dans la mesure où elle ne permet pas une expression différente ou une critique. Celle-ci est pourtant parfois signalée comme dans cette fiche sur l'appel, dans laquelle les auteurs avertissent que certains enfants ne sont pas appelés ou pensent qu'ils ne le sont pas. C'est au moins honnête.

Il faut reconnaître qu'il est difficile à un animateur peu formé de recevoir une parole libre d'enfant. Il risque de ne pas savoir se situer par rapport à elle.

La première grille, celle des « paroles, est d'un emploi plus délicat. Comme un même énoncé peut être saisi dans le « bleu », le « vert », le « rouge », ou le « jaune », l'animateur de catéchèse peut difficilement dire à l'avance comment les différents contenus de la fiche seront investis. Il faut pour cela bien connaître les enfants.

Toutefois, sachant l'âge auquel la fiche s'adresse, on peut prévoir sans grand risque d'erreur la sorte de sens qui peut être produit. L'idéal serait bien sûr d'avoir en main un court dialogue d'enfants enregistré et retranscrit. L'animateur se ferait ainsi une idée des possibilités de la fiche.

Au-delà de cette difficulté, on peut repérer dans les documents proposés les deux opérateurs (« vert » et « rouge ») qui permettent l'accès au sens de la confession de foi. Certaines fiches, par exemple, sont construites autour d'un thème : le repas, l'appel, la confiance... ou d'un symbole : l'eau, le feu... Les différentes informations données, qu'elles soient « prises dans la vie » ou dans la Bible, contiennent le mot central ou l'image « clé » : repas, appel, eau. On demande parfois même à l'enfant d'apporter son expérience ou ses observations et donc de prolonger l'information.

De telles fiches « fonctionnent » d'abord et avant tout dans le « vert » puisqu'elles mettent en œuvre des opérations de rapprochement. Ce premier opérateur est couramment employé aujourd'hui. Nous ne sommes plus au temps où l'enfant écoutait passivement des explications et des commentaires théologiques (« jaune ») sur une information qu'il saisissait dans le « bleu ». La pratique des rapprochements permet une certaine compréhension, mais ceux-ci sont parfois trop induits, ce qui retire de l'intérêt au travail.

Le second opérateur (« rouge »), en revanche semble peu proposé dans les fiches actuelles. Nous en avons pourtant vu l'importance.

L'ABSENCE DU « ROUGE » [3]

On pense habituellement que le questionnement critique, voire le doute existentiel, devraient être refusés au nom même de la foi parce qu'on assimile connaissance de Dieu et savoirs positifs. Croire serait savoir. Mais, comme nous l'avons vu, il en est autrement. Le « rouge » correspond à un changement de statut dans la vérité, un nouveau rapport au monde (p. 80-81 et 111-113). Il n'est jamais le savoir définitif de la science (« bleu »). Il est une étape nécessaire et constamment dépassée dans l'approfondissement de l'intelligence de la foi. En d'autres termes, la connaissance de Dieu en Jésus Christ n'est pas de l'ordre du « bleu » mais bien du « jaune ». Le « rouge » marque le passage hésitant du premier investissement du langage — l'anecdote — à l'autre, le sens-pour-moi. C'est ce qui en fait d'ailleurs un opérateur.

Cet opérateur apparaît peu actuellement dans les fiches de catéchèse. Peut-être parce que nous dépendons encore

---

3. Le « rouge » commence à apparaître dans quelques parcours récemment sortis, mais de façon encore timide. En effet, dès qu'on laisse une certaine liberté de parole aux enfants — ce que font ces parcours — ceux-ci, quand ils sont en confiance, questionnent, critiquent le langage de foi. Parfois même, à l'occasion du décès d'un proche par exemple, s'exprime un doute existentiel. Les auteurs de parcours ont la préoccupation de la prise en compte de ces interrogations. C'est sans doute dans le manuel *Avec des paraboles* (AREC, CM 1, Sénevé) qu'il transparaît le mieux à travers les planches dessinées qui reprennent les questions des enfants. Il est bien certain que le « rouge » est accueilli comme une gêne par des animateurs sans formation, il risque même d'être traité comme un thème parmi d'autres. En fait, le traitement de ce « rouge » n'est pas dissociable de l'attitude profonde de l'animateur de catéchèse qui doit, lui aussi, oser affronter un questionnement critique et un doute existentiel. Cela ne peut pas s'effectuer selon des recettes écrites, mais demande une formation personnelle des catéchètes dans laquelle leur parole s'engage. Limite de tous les livres du maître.

trop des modèles de transmission des savoirs encyclopédiques[4]. Quelques fiches le signalent tout de même comme une réaction négative des enfants, mais elles n'utilisent pas la critique pour les faire entrer dans l'épaisseur de sens du langage de l'Eglise. Toutefois l'accueil du « rouge » est déjà un progrès.

Pourtant l'investissement anecdotique (« bleu ») est un souci des catéchèses qui tentent de pallier la platitude de l'anecdote par l'expérience. En effet, une information liée à un « vécu » est investie affectivement. On demande alors à l'enfant d'apporter lui-même des informations par des observations, par des enquêtes. Mais l'investissement du langage de l'Eglise est-il réductible à celui du langage courant ? L'apport du « vécu » ne renforce-t-il pas l'anecdote qui a alors l'évidence d'une expérience référée exclusivement à la positivité, au réel visible ? Cela au détriment de la confession de foi.

La mort et la Résurrection se retrouvent dans le processus d'accès au langage de l'Eglise : le passage du « bleu » au « jaune » suppose une déconstruction, un changement de rapport au langage, du « rouge »[5]. C'est souvent d'ailleurs en faisant les rapprochements voulus par la fiche que l'enfant se heurte à la « mort », c'est-à-dire à l'illogisme d'un langage qui n'est pas descriptif. En liant par exemple le mot « appel » à des situations agréables et désagréables, l'enfant est amené à se demander dans quelle catégorie classer l'appel de Dieu. Jeune, il le met sans hésiter dans la liste des appels agréables : Dieu est bon. Devenant plus critique, surtout s'il s'ennuie en catéchèse, il le place —

---

4. L'encyclopédie a certainement introduit une révolution dans le rapport de l'homme au savoir. Elle expose les connaissances à l'individu, sans aucun intermédiaire. Les circuits sociaux traditionnels (communautés) sont dépossédés du savoir. L'encyclopédie propose un modèle de transmission directe des connaissances qui imprègne en profondeur nos mentalités. Le catéchisme a beaucoup reçu de l'encyclopédie. En sommes-nous sortis ? L'accent mis dans le *Texte de référence* sur les communautés va dans ce sens.

5. Cf. *Ouvrir la porte*, p. 84.

peut-être par bravade — dans la liste des appels désagréables... ou bien il dira simplement qu'il n'est pas appelé.

Nous rencontrons les mêmes difficultés dans l'utilisation des grands symboles humains. Ainsi ces enfants du Cours Moyen recherchent-ils dans la Bible les récits où il y a de l'eau. Ils les rapprochent entre eux (« vert ») et constatent que l'eau peut faire vivre ou mourir. L'animateur demande alors si l'eau du baptême est signe de mort ou de vie. « De vie », répondent en chœur les enfants à la satisfaction de l'adulte. Mais celui-ci découvre quelques jours plus tard le début du chapitre 6 de l'épître aux Romains. Saint Paul y affirme que le baptême est une plongée dans la mort avec le Christ pour ressusciter avec Lui. L'eau est donc à la fois signe de mort et signe de vie. L'adulte, qui en était resté à un classement rationnel, ne comprend plus : il entre dans le « rouge ».

Il lui a fallu un certain temps pour réaliser que l'eau symbolisait l'expérience pascale, le don de notre vie en Christ pour renaître à une autre vie (Jn 15, 13). C'est en vivant une certaine « mort » qu'on découvre le Ressuscité. On en dirait sans doute autant de l'appel de Dieu dans la mesure où il découvre l'expérience pascale et non n'importe quelle expérience positive.

UNE VIEILLE QUESTION

Que l'expérience positive soit inadéquate pour faire comprendre ce qu'est Dieu, ou ce qui touche à Dieu, n'est pas nouveau. Le Moyen Age chrétien affirmait déjà qu'on savait ce que Dieu n'était pas mais qu'on ignorait ce qu'il était. Le langage utilisé pour dire Dieu, en dehors de la Révélation de Jésus Christ, était qualifié d'analogique, ce qu'on a peut-être oublié par la suite, avec le catéchisme par exemple. Qu'est-ce à dire ? Que la vie humaine ne peut être utilisée dans le langage théologique qu'à titre d'*analo-*

gie et la comparaison est toujours fausse dans la mesure où elle ne dit rien de ce qu'est Dieu. Par exemple, l'affirmation « Dieu est bon » se réfère à une idée de la bonté ou de l'amour qui reste très éloignée de ce qu'est la réalité, même si nous l'envisageons infiniment meilleure que la nôtre. D'autre part, ce langage existentiel reste dépendant de l'expérience de chacun ; il est donc relatif. L'affirmation « Dieu est bon » n'est comprise qu'à travers la somme des expériences de bonté et de méchanceté que nous avons éprouvées (« vert »). On ne peut donc pas sans précautions dire Dieu à partir de l'expérience humaine, sans quoi l'analogie est oubliée.

C'est ce que fait Jérôme (10 ans), élève de CM 1. Il apprend le catéchisme avec ses parents. En classe, sûr de sa science, il déclare : « Dieu est un pur esprit, infiniment bon, inodore, incolore et sans saveur. » L'enfant n'a fait que mêler une formule théologique à une définition physique, le mot « pur » permettant la confusion. La formule théologique aurait dû être investie de façon analogique, c'est-à-dire dans le « jaune » ; la définition physique, en revanche, est comprise dans le « bleu ». Jérôme, qui vit dans un univers mental anecdotique — certains diraient matérialiste — investit les mots seulement de façon univoque. Il s'imagine peut-être qu'un esprit est « quelque chose » d'invisible, intermédiaire entre un gaz et un extra-terrestre et qu'il est sans doute détectable au radar, etc. Dieu est en quelque sorte matérialisé dans la mesure où les mots sont pris à la « lettre » et non investis de façon analogique. Le Moyen Age préservait Dieu de cette matérialisation avec la distinction « monde sensible-monde intelligible » ignorée bien sûr de Jérôme.

Une telle ignorance de l'analogie, c'est-à-dire des précautions nécessaires dans l'usage du langage de l'Eglise, correspond à la méconnaissance des quatre « paroles » de l'homme. Jérôme confondait le « bleu » et le « jaune ».

Mais, pourquoi l'analogie ? Pour quelle raison devons-nous ainsi dire Dieu, si cette profession de foi ne nous apporte aucun savoir sur Lui ? Bien qu'elle n'atteigne jamais l'être de Dieu, elle dit tout de même une vérité *en rapport* avec Lui. Quand nous disons par exemple : «Notre Père», ce langage est analogique aux deux titres mentionnés ci-dessus : il ne dit rien de ce qu'est Dieu et il s'enracine dans une expérience personnelle et subjective, qui a même pu être désagréable. L'analogie théologique ne fait que donner une orientation à notre pensée. Et ce mouvement de l'esprit est toujours marqué par une négation — du «rouge» — conformément à ce que nous avons dit du «fonctionnement» de la Révélation (p. 78). Dire «Notre Père», c'est nous rapporter à Dieu, lourds de toute notre expérience humaine, que nous jugeons sans doute insatisfaisante confrontée à l'idée éminente que nous nous faisons de la paternité de Dieu. En fait, dire Dieu est l'occasion de nous situer pécheurs, imparfaits mais repentants, devant Lui. C'est le chercher — presque le vouloir — dans un acte de conversion jamais terminé. C'est nous reconstruire autrement à son image. Et ce mouvement n'est rendu possible qu'à partir de la profession de foi et de son «fonctionnement» analogique. Ainsi l'orientation de la pensée n'est pas pure spéculation de savoir réservée à des théologiens en chambre, elle est l'engagement dans une Alliance de plus en plus intime avec Dieu. *L'analogie se fait dans la foi vivante*, et la connaissance de Dieu est indissociable de ce que nous devenons, de ce que notre expérience devient[6].

6. Saint Thomas d'Aquin (Q 2, A 2) écrivait déjà : «Il semble que les mystères divins de la foi ne puissent être saisis par la science, car :
1. La sagesse se distingue de la science. Or le divin relève de la sagesse et donc pas de la science.
2. ... De Dieu, nous ne pouvons d'aucune façon savoir ce qu'il est... il n'y a donc pas de science de Dieu...
5. Chaque science s'appuie sur des principes évidents par eux-mêmes. Si elle les a acquis par ouï-dire, elle peut soit les prouver elle-même, soit leur redonner la clarté en s'appuyant sur d'autres principes évidents et fiables. Mais les articles de foi... sont d'une autre sorte. Il ne sont ni évidents, ni réductibles à des principes évidents, ni susceptibles d'être prouvés. Donc il n'y a pas de science du divin saisi dans la foi...»

La parole de foi (analogique) que nous avons sur Dieu — la confession de foi — est très différente de la parole de savoir au sens où l'encyclopédie l'entend. L'expérience chrétienne est vécue à l'intérieur, si on peut dire, de la profession de foi. Celle-ci est toujours première et toujours à approfondir dans le mouvement même de la conversion. Aucune lecture anecdotique de la vie ne peut donc nous aider à modifier ce rapport au monde et l'investissement littéral du langage. Bien au contraire. En revanche, si Dieu-bon ou Dieu-père sont « pour-nous » des interrogations vitales, si Jésus Christ est folie ou scandale (1 Co 1, 18 et suivants), notre pensée est appelée à dépasser le savoir vécu de l'anecdote. Le sens de la vie se cherche en effet dans la « mort » ou dans certaines expériences anecdotiquement absurdes et non à travers des images existentielles liées à un mot, fût-il « amour ».

CONSÉQUENCES PÉDAGOGIQUES

De ce fonctionnement analogique du langage de la Révélation de Dieu, nous pouvons tirer deux conséquences pratiques.

1 — Que l'expérience humaine est présente dans notre dire sur Dieu afin que la confession de foi ne tourne pas dans le circuit fermé d'une religion. Les mots et les images de l'Eglise sont enracinés dans la vie comme ceux de tous les langages humains qui ne sombrent pas dans l'ésotérisme.

2 — Mais, en sens inverse, que ces mots et images de la confession de foi ne décrivent rien, ni Dieu, ni la vie. Ils

---

6. « La foi est tournée vers l'invisible, la science vers le visible... Donc il n'y a pas de science du divin révélé dans la foi. » (Extrait de *Théologie comme science pratique* de P. Eicher, Cerf, 1982, p. 114).

Le domaine de la foi est bien à distinguer de celui de la science ; il serait comme une sagesse qui doit cependant se dire dans un langage particulier de type analogique, c'est-à-dire fondamentalement non descriptif, marqué par la négation (on ne sait rien de Dieu, on en vit.)

donnent seulement une orientation divine à notre histoire. Comme leur rapport à la personne qui les emploie est de l'ordre du « jaune » et non du « bleu », une « déconstruction » est nécessaire dans l'usage analogique. Et c'est de ce « rouge » que le fonctionnement correct de la Révélation de Dieu va naître.

Ainsi, pour accéder au langage de l'Eglise, l'enfant doit-il faire deux sortes d'acquisition.

1 — Il doit d'une part, enraciner les mots qu'il apprend dans une expérience anecdotique de la vie. Il liera par exemple le mot « appel » à plusieurs situations personnelles dont il a le souvenir. Cet enracinement des mots dans l'expérience quotidienne est le travail de la famille et de l'école qui s'y emploie d'ailleurs de mieux en mieux (« bleu » et « vert »).

2 — Il doit d'autre part « déconstruire » ce qu'il a appris pour entrer dans l'analogie. C'est le travail de la catéchèse (vert, rouge et jaune).

Ce second objectif pédagogique suppose le premier réalisé : si l'expérience anecdotique du langage et l'investissement affectif qui lui est lié ne sont pas faits par ailleurs, le nouvel usage des mots référés à Dieu ne peut être acquis. En effet, la déconstruction est toujours une rupture par rapport à une habitude antérieure. Sans quoi la conversion serait illusoire. Nous retrouvons ici cette évidence : l'évangile n'est pas naturel ; il contredit même des évidences rationnelles démontrées par l'expérience pratique. Ne croit-on pas malgré l'expérience ?

JÉSUS CHRIST EST-IL ANALOGIQUE ?

L'analogie semble avoir été réservée à la théologie naturelle c'est-à-dire à une connaissance de Dieu située en dehors de la Révélation de Jésus Christ. Que change l'Incarnation ? Ne nous fait-elle pas connaître Dieu directement, comme le dit d'ailleurs le Seigneur lui-même en saint Jean : «Qui m'a vu a vu le Père» (Jn 14, 9)? Dès lors, une catéchèse centrée sur la Bible et les évangiles pourrait se dispenser de l'investissement analogique du langage. L'analogie ne serait plus nécessaire depuis que Dieu s'est révélé en Jésus.

L'argument est sérieux. N'avons-nous pas en effet là une connaissance directe de Dieu ? Il n'y aurait qu'à regarder. Mais la connaissance de Dieu peut-elle être de l'ordre du « voir » qui, par nature, semble lié à une approche anecdotique du monde ? Le « voir » ne fonctionne-t-il pas essentiellement dans le registre du savoir[7]? L'encyclopédie qui s'y appuie, est célèbre par ses dessins et ses planches. La photographie illustre abondamment les ouvrages semblables réalisés aujourd'hui.

En fait, les évangiles et la Bible ne «fonctionnent» pas ainsi. Ce ne sont pas des descriptions ou des «photographies» du passé, mais bien une Parole de Dieu vivante. Là encore, en investissant l'Ecriture littéralement, nous lui ferions perdre son épaisseur théologique[8]. Nous la condamnerions à ne plus dire Dieu en Jésus Christ mais à décrire la vie de l'homme-Jésus ou celle d'un peuple en Alliance avec son Dieu. Le positivisme de cette approche réductrice est évident.

Quel est son «fonctionnement» défectueux? Le plus simple qui soit : nous partons tout naturellement de notre propre expérience pratique de la vie ; à partir d'elle, nous

_____

7. Regardons comment saint Luc commence son évangile, en opposant deux situations. D'un côté le vieux prêtre Zacharie *voit* l'ange Gabriel debout à droite de l'autel de l'encens, et de l'autre, Marie qui ne fait que l'entendre. L'homme « arrivé » possède une maîtrise sur le monde et même sur Dieu quand Dieu vient : il va jusqu'à demander des preuves... visibles sans doute. La jeune fille, elle, s'interroge seulement sur la conduite à tenir. Elle reste ouverte à l'imprévisible action du Seigneur. Deux attitudes spirituelles qui s'opposent : celle du riche et celle du pauvre.

8. C'est l'Incarnation qui est peut-être le fondement le plus solide du «fonctionnement de la Révélation». On voit un homme, Jésus de Nazareth, et on confesse Dieu. On le suit donc. L'approche génétique que nous avons ici développée ne vient qu'en second.

lisons les évangiles et comprenons immédiatement la vie de Jésus. On ferait ainsi pour n'importe quel homme du passé. En fait, nous rapprochons des anecdotes vécues aujourd'hui de celles d'hier, tout en tenant compte bien sûr de la distance culturelle. On imagine Jésus en son temps à la fois semblable et différent de nous (vert).

Si Jésus n'était qu'un homme comme tout le monde, une telle approche anecdotique serait suffisante et correcte. Mais Jésus est Dieu bien que *visiblement* il soit homme et même tout à fait homme. Dès lors, l'approche analogique devient indispensable pour contempler le Père. Le récit évangélique doit être « déconstruit » pour être « reconstruit » et investi en tant que Parole de Dieu pour nous. On lâche en quelque sorte le sens anecdotique — sans cependant le lâcher — pour accéder au sens spirituel. Et les bizarreries, les illogismes du texte évangélique nous aident à entrer dans le « rouge », ce seuil d'un nouveau sens. Tel est bien le « fonctionnement » de la Révélation, qui trouve en l'homme-Dieu son fondement.

Bien que Dieu se soit fait homme, une distance infinie existe entre Jésus — le Verbe — et nous. Nous aurions tendance à l'oublier si notre rapport au monde n'était qu'anecdotique. Mais dès que nous voulons vivre vraiment l'évangile, nous nous heurtons à des exigences radicales qui nous dépassent. Jésus Christ nous appelle mais nous ne pouvons pas l'imiter comme on le ferait avec un maître de morale. Il est inimitable puisqu'il est Dieu. Et cette distance [9] qui nous sépare de Dieu est due au péché

---

9. Cette distance infinie qui nous sépare de Jésus, modèle à imiter, est le ressort de toute vie chrétienne. Il ne faut donc pas prendre le mot imitation au sens de reproduction. Jésus est un phare intérieur qui guide, qui appelle. Déjà saint Paul : « Tous ensemble, imitez-moi... fixez votre regard sur ceux qui marchent suivant le modèle que vous avez en nous. » (Ph 3, 17 et 1 Th 1, 7). Ou encore : « Soyez mes imitateurs comme je le suis moi-même du Christ » (1 Co 11, 1). Le modèle est la Parole vivante de Dieu qui vient en nous et qui nous fait ressembler de plus en plus à Dieu. *L'Imitation de Jésus Christ,* ce manuel bien connu de spiritualité, maintient une distance entre Jésus et le chrétien. Cette distance est, bien sûr, traduite dans les catégories individualistes, piétistes et doloristes d'une époque.

qui obscurcit notre intelligence et limite notre action. Nous marchons vers Dieu, nous nous élevons vers Lui avec toute la force de l'Esprit qui est plus fort que le péché et que la mort. Telle est notre foi. L'appel de Jésus se réalise dans la méditation des Ecritures et dans la vie sacramentelle. Il est une orientation pour notre histoire qui prolonge et précise bien la connaissance naturelle de Dieu.

Dès que nous désirons marcher vers Dieu, notre parole se rapporte à Lui. Elle devient nécessairement analogique ; qu'elle soit ou non liée à la Révélation. Concrètement nous parlons, c'est-à-dire nous produisons du sens dans notre vie, en fonction de Dieu. Nous investissons les mots d'une certaine façon (jaune) parce qu'ils ont statut de confession de foi. L'analogie définit bien le « fonctionnement » de tout le langage de l'Eglise.

On comprend dès lors l'importance de la distinction des « paroles » de l'homme dans la pratique catéchétique si on ne veut pas réduire la profession de foi à un savoir positif ou à une morale indépendante de Dieu.

Postface

Ce livre décrit un parcours quelque peu formel et général, l'approfondissement de la confession de foi. Il expose une initiation au langage de la foi qui doit être resitué dans une éducation chrétienne plus large.

En mettant l'accent sur la transmission des textes fondamentaux de la foi, nous avons souligné la nécessité de l'intelligence peut-être au détriment d'autres aspects de la foi. Cette insistance nous est apparue importante aujourd'hui de par l'expérience que nous avons des adolescents. En effet l'intelligence de la foi nous semble être déterminante pour l'avenir religieux de l'enfant. Le sentiment religieux, si fort, si vrai, pendant l'enfance résiste mal à la crise pubertaire. Il ne s'agit pourtant pas de l'évacuer de la catéchèse. Il a son importance et elle est capitale. Les enfants mettent en effet tout leur cœur à croire au Dieu de leurs parents et des éducateurs qu'ils estiment, par confiance et par amour. Ils y engagent toute leur sensibilité, toute leur affectivité. Leur prière elle-même ne cesse d'exprimer cet amour qui se traduit par un désir de faire mieux, de faire des efforts.

Le « cœur », ce lien merveilleux à Dieu, est, comme nous

l'avons souligné (p. 92-93), la véritable sécurité de l'enfant, le support de sa foi, la raison d'être de sa recherche et même la source où il puise ses forces. Le « cœur » produit l'attachement. Il doit s'exprimer jusque dans la célébration. Mais, dès douze ans, le « cœur » est refroidi par l'esprit critique. Une vie relationnelle tumultueuse, la sexualité, des ruptures dans les rapports aux autres — toute la mutation adolescente — vont peser lourd dans la réflexion critique du jeune sur la religion. Le sentiment religieux, surtout chez les garçons, va s'estomper, voire disparaître. Il peut certes rester un petit coin de ciel bleu, un goût d'enfance comme ces odeurs de Fête-Dieu que nous avons peut-être gardées. La vie arrive, avide d'autonomie et de raison. Si l'intelligence de la foi n'est pas prête à relayer le « coeur » qui fait l'essentiel de la vie enfantine, le jeune traverse alors une crise religieuse qui peut bien être fatale à sa foi.

L'enfance est parfois considérée comme l'âge où l'on acquiert des langages, ceux qu'utilise la communauté humaine pour dire le monde et la vie, exprimer l'homme et Dieu. Ces acquisitions langagières sont sans doute assez formelles dans la mesure où l'enfant n'y intègre pas encore une réflexion sur son histoire, sur le temps qu'il vit, tant il demeure encore dans l'instant de son moi. L'adolescence pourrait être définie comme le premier moment où le jeune commence à rapporter à lui-même les langages acquis pendant une enfance qui est désormais derrière lui. Naissance d'une sorte d'intériorité, d'un rapport à soi-même inconnu de l'enfant. Une dimension véritablement symbolique surgit dans les langages qui s'y prêtent, dans ceux qui peuvent se rapporter à l'expérience spirituelle, qui peuvent intégrer la personne et sa temporalité, l'histoire naissante d'un « je » qui revendique sa liberté.

Un « jaune » nouveau, d'une autre qualité que l'analogie formelle produite par l'enfant, s'entend maintenant dans les débats de jeunes. La parole analogique se mue en parole prophétique, disions-nous dans *Ouvrir la parole*.

Mais si les langages acquis pendant l'enfance n'ont de référence qu'au monde visible, à l'expérience pratique comme ceux qu'on apprend à l'école à l'aide du diction-naire, le jeune sera condamné au mutisme pour ce qui concerne sa vie spirituelle et son histoire personnelle. Si les mots et les images verbales ne sont pas passés au « jaune » pendant l'enfance, parions que l'adolescent tra-versera une crise grave et qu'adulte, sans langage pour se dire ou pour dire Dieu (ce qui n'est pas sans rapport), il sera croyant-non pratiquant ou indifférent. Et s'il reste cependant croyant pratiquant, sa religion risque d'être surtout affective — reste d'enfance — ou sectaire, le langage religieux tournant sur lui-même, ayant pris la place de Dieu.

Ainsi le « un mot - un sens » des langages expérimentaux et positifs, interdisant le passage au « jaune », confisque-t-il, du même coup, à l'homme la possibilité de dire sa vie à un autre niveau que pratique. Il lui confisque son histoire en ne lui permettant plus de se parler spiri-tuellement. Faute de pouvoir investir mots et images verbales, dans le « rouge » puis dans le « jaune », l'homme — et déjà l'adolescent — tend à devenir le jouet impuis-sant des pressions et des conditionnements de toutes sortes : économiques, sociaux, politiques et religieux, vécus au jour le jour, subis au jour le jour. Nous voulons dire par là que le problème aigu de la communauté chrétienne pourrait bien être d'abord celui du langage sans lequel nous n'avons plus rien à nous dire à un niveau de parole qui dit Dieu et qui dit l'homme. La mort de l'homme suit la mort de Dieu causée par la même crise du langage. Voilà pourquoi nous insistons tant sur les acqui-sitions langagières pendant l'enfance, à cause des consé-quences redoutables qui s'ensuivent. C'est le langage qui fait l'histoire.

De grâce, arrêtons d'opposer le savoir et la vie ! Si le savoir n'est pas seulement celui des connaissances posi-tives mais bien un langage qui par l'éducation peut devenir « épais », alors ce savoir-là, ce langage symbolique, fait la vie (ou plutôt l'histoire) dans la mesure où il nous permet de parler à ce niveau de sens en dehors duquel Jésus ne peut être qu'un homme de son temps. La suprême banalité !

Dieu nous appelle tous à le chercher. Mais, pour dire Dieu dans notre vie, le niveau « jaune » de la parole est nécessaire. Il permet d'intégrer le doute existentiel et le questionnement critique, dans la mesure où il autorise une reconstruction de l'homme au niveau symbolique dans un langage qui dit le sens de la vie. L'appel de Dieu ne peut être entendu qu'à cette condition. Nous montrerons dans le tome 2 sur l'adolescence, comment le jeune utilise le rapport « rouge » et le rapport « jaune » aux mots et aux images de l'Eglise pour s'orienter vers Dieu, pour se dire en référence à Lui, pour se convertir en apprenant à se connaître mieux. S'il restait dans le « bleu » l'adolescent verrait le « rouge » comme un obstacle insurmontable à la foi. Il sombrerait dans sa critique, dans le procès même qu'il fait à Dieu. La Bible garde bien son actualité, relisons l'histoire de Job.

Si l'adolescent n'a pas acquis de langage, il n'a pas d'histoire, finie alors la Révélation de Dieu dans l'histoire des hommes puisqu'il n'y a plus d'histoire. Dieu ne peut plus rien dire en réponse aux questions existentielles fondamentales. Seul l'oubli est possible, la mémoire est dangereuse. Pourtant Dieu a beaucoup de choses à faire comprendre à ceux qui le cherchent et qui ont les moyens de le chercher. Finie aussi cette parole de Jésus : « J'ai encore beaucoup de choses à vous dire, mais vous ne pouvez pas les porter maintenant. Quand il vient, Lui, l'Esprit de Vérité, Il vous conduit vers la Vérité tout entière » (Jn 16, 12-13). Mais la vérité ne nous est-elle pas fermée par l'impossibilité de dire notre histoire en référence à Dieu qui nous appelle à la dire ainsi ?

Et si par le langage réduit transmis aujourd'hui à nos enfants comme unique rapport au monde, nous commettions le péché contre l'Esprit de Vérité à l'échelon de toute une société ? Alors que la catéchèse relaie ce que les apprentissages scolaires ne donnent plus. Qu'elle transmette à l'enfant un langage apte à lui ouvrir l'espace du sens ! Question de vie ou de mort.

Table des matières

Achevé d'imprimer en août 1989
sur les presses de l'imprimerie Laballery — 58500 Clamecy
Dépôt légal : août 1989   Numéro d'imprimeur : 907023